〈월요일 아침 편지〉

살아있는 영혼은 날개 힘
그 힘이 되는 시!

너의 이름을 사랑하고 싶구나.

지은이
김성호

성미출판사

서론

공자는 일찍이 "그대들은 어찌 시詩를 배우지 않는가?" 라는 질문을 냈다. 이 말의 본뜻은 수제자들이 내놓은 답변에 따르면 '선생님께서는 하나를 들으시면 열을 아셨습니다.' 라는 이해이다. 그렇다. 시를 배우면 인성의 함축을 넘어 인문학, 즉 예술·철학·역사·과학 등의 공부에 지름이 된다. 시 한편의 세계는 한 칸의 골방처럼 매우 비좁다. 그러나 시가 수동적인 자세에만 머물러있지 않고 태양열에 눈이 부신 들판에 나선다면, 생명들의 약동에 환호를 보낸다. 시는 이렇듯 문호를 활짝 열어젖힌다. 시는 정신문화의 사고師沽를 살려낸다. 교류하는 사물들의 언어를 발굴하여 식물·바위·곤충 등의 존재를 세상에 알린다.

이에 반해 소크라테스의 제자 플라톤은 시를 통해 상상력이 자극 받아야 한다는 공자와는 시에 대한 생각이 전혀 달랐다. 그 한 예로 플라톤은 스승 사후에 내놓은 《국가론》에서 시인은 이상 국가理想國家에서 추방되어야 한다는 주장을 펼쳤다. 상상력은 사람들을 부패시킨다는 이유를 들어 추방을 운운했다. 플라톤의 시에 대한 부정론의 배후에는 스승이 바랐던 민주주의 실패가 있었다. 문학예술은 실상과 동떨어진 사물을 예사로 그려낸다. 표현의 자유로 소재 기록은 얼마든지 가능하다. 사람의 정신세계에서 펜의 예술이 창작된다. 예술과 사람을 별개로 분리할 수 없는 이유이다.

아른튼(E. M. Amclt)은 독일의 시인이다. 1806년 8월 나폴레옹은 프로이센군으로부터 항복을 받아냈다. 독일민족은 비록 전쟁에 패하는 굴욕을 당했지만, 옛날에 그 굳건했던 정신력까지는 잃지 않았다. 그 무렵에 아른트가 자신의 저서 《시대의 정신(Geist der Zeit)》의 책을 들고 나와 독립자유를 외쳤다. 예기치 않게 국민적 적개심을 불러일으키고 말았다. 그는 살기 위해 스위스로 달아났다. 1812년 나폴레옹은 모스크바의 혹한과 대화재로 인해 파리로 피신했다 되돌아왔다. 이듬해 프로이센 국왕 빌헬름 3세가 국민에게 자유·정의·조국이라는 세 가지 강령을 내걸고 전쟁을 선언했다. 학생·시인·예술가들도 적을 퇴치하는 싸움터로 달려갔다. 그 시인 중에 스위스에서 돌아온 아른트도 속해 있었다. 그는 「국민군이란 무엇인가」와 「라인은 독일의 강이지 국경이 아니다」두 편의 시를 지어 청년들의 의기를 한껏 고무시켰다. 독일국민은 나폴레옹을 물리치는 대승리를 거뒀다. 이럴 듯 시는 혈맥을 뛰게 한다.

차례

서론   2

서시(그는 아침 해이어라)   4

진정한 예술가는 작품을 꾸미지 않는다.   30
다만, 영혼의 노래만을 부를 뿐이다.

이르지 못한 미지未地 나라   44

팔짱을 낀 남녀가 길을 걷고 있다.   118

후기   137

서시 序詩
그는 아침 해이어라.

찬란한 아침의 이 감격
대체 누구의 숨결일까
이아침을 밝게 깨우는 신비한 능력이
오늘의 푯대를 잡게 하는구나.

더 나은 삶의 자유를 그리는 어떤 장소든
그날 하루를 기념할만한 순간은 있기 마련
쉽사리 꺾일 것 같은 유순한 몸매이나
심지가 용골 찬 그 누구
아무도 모르는 그늘골짝에서
야곱의 사다리 오르는 꿈을 꾸고 있구나.

그는 돋는 아침 해이어라
구름 없는 해사한 하늘 빛
아름답다 선언하며 땅의 사람들로 하여금
수확을 앞둔 곡식 둘러보게 하누나.
그 땀의 생산 덕에 들녘은 더더욱 풍요해지고
파장이 긴 빛의 산란에 누렇게 여문 숲 물결
서로를 보듬는 섬김으로 비벼대는구나.

너의 이름을 사랑하고 싶구나.

김
성
호
지
음

성미출판사

01

해동을 맞는 대지
여기저기 새순 움트는 들판 향수
계곡바위 수정고드름
방울방울 녹아내리고
수량 불어난 강물
청둥오리 탄 유빙 둥둥 띄웠구나.

한밤중에 깨 내다본 창밖
서리라도 내렸는지
온통 은빛 세상
눈을 들어 하늘 보니
반쪽 낯으로 빙긋 웃는 하현달
빈 나뭇가지그림자 굽어보려
땅을 향해 고개 숙이니
물 올리는 세미 들려주누나.

02

내 마음 흘러, 흘러
산 너머 먼 하늘 바라본다.
석양빛에 지는 매화
나의 시야에서 사라진다.

내 마음 길 아닌 수풀을 헤치다
두 갈래 길목을 마주한다.
어느 방향으로 나가야 할지
기로 선택 앞에 선 셈이다.

험해 보이는 자드락길
운명의 도전은 시작되었다.
과연 밟히는 돌멩이마다
발바닥부터 아프게 찌른다.

뻐꾹새가 목을 축인 웅덩이
도롱이 알이 유생을 준비하는
밤하늘 별들이 머무는
깊은 삶이 숨 쉼 하는 이곳

03

겨우 내 잠잠했던 실개천
길 따라 강을 향해 흐르누나.
한 모금 물로 목을 축인 종달새
햇살 퍼트리는 날갯짓으로
몽우리 틔운 갯버들과 벗이 되었구나.

빨리 가라 재촉하는 세월을 등지고
어제를 보낸 그대
오늘을 내다보는 안목
한층 깊어졌구나.
아직 손을 놓을 때가 아니라는
의지를 담은 가슴을 쓸어내리며
해변을 걷는 길손
너울 밀물에 발 젖을 새라
봄 문턱 찬기에 파릇파릇 떠는
풀 새싹 지대까지 피해 오르누나.

04

아른아른 아지랑이
눈 녹아 촉촉한
텃밭에서 피누나.
긴 겨울 농한기에서 살아남은
초록빛 당귀 잎 식물
안개 걷히자 수줍음 머금은
이슬 눈으로 자태 드러낸
매화나무 홍 빛 꽃잎과
봄 향기 전하누나.

햇살 따스한 어느 한날
보호장 실내 적응 마치고
대리모 꽁무니 쫒아
바깥나들이 나온
댓 마리 햇병아리
생강 꽃 색상 보송보송 입고
새순 풀잎 재롱부리로 쪼는구나.

잔설 남은 뒷동산
솔향기 넘나드는 담장 안 사찰
장독대 위 콩 메주들
정월장 담글 스님들 손길 기다리며
햇살에 말려지고 있구나.

05

아직 남은 추위에 떠는 대지
무엇이든 시작하기 좋은 봄
공기의 느낌과 기온도 따사하여
생동감 기대되는 햇살 밝은 한낮
생기로 가득 채운 들판 새싹들
농부 기지개 켜게 하누나.

퇴적층 쌓인 숲속 새소리
한창 물 기운 끌어올리는 수목들
공 모양 개체 한 덩이로 뭉친
계곡바위 아래 맹꽁이 공동 산란장
둥둥 뜬 수생식물 둘레로
백로 한 마리 한가롭게 노니는 연못
눈에 잘 띄지 않는 새순 몽우리 머금은
높직한 능수버들가지 고요하고
자태를 늘어트린 가장 밑가지 하나
수면과 입 맞추려
한들한들 장난 거누나.

06

설 명절 보내고

지하철에 탄 엄마-아들
뒤따르는 외할머니가 등을 떠 민 힘에
약자 석에 앉게 된 다섯 살 꼬마아이
바닥에 닿지 않는 짧은 두 다리
몇 차례 대롱대롱 구르다
머리를 꺾고 꾸벅꾸벅 존다.

잠든 아들을 안고 목적지에 내리려면
몸이 힘들 것 같다는 경험상을 떠올렸는지
파마머리 젊은 엄마
작은 체구 아이 얼른 깨워
놀이에 끌어들인다.
마주 붙인 두 손의 아귀를 벌린 엄마
　　"보리! 하며 넣는 작은 주먹 손
　　"쌀! 하며 빼던 중 결국 잡히고 만다.
두세 번 만에 재미를 잃은 아이가
다시금 잠결에 들려하자
이번엔 겹쳐 얹은 주먹손을
아들 앞으로 내미는 엄마
양손 검지를 세워 어긋치는 아들
쉽사리 해체되는 엄마의 고운 두 손.

완충과는 거리 먼
싱거운 놀이에 지나지 않으나,
그 속에는 모자간 뗄 수 없는
사랑의 안전감이 흐르고 있다.

07

오전에서 오후 녘에 첫 발을 딛는
정오시간
한 눈에 들어오는 수많은 풍경
그 매혹을 나의 시선에 맞춰 견주어본다.

그 정오의 터에 바람에 펄럭이는
장대 깃발 하나 꽂아있고
그 너머 계절의 때를 만나
만발을 피운 온갖 예쁜 꽃들

만물보다 부패성 높은 인간들이여,
논쟁으로 마음들에 갈등을 부추기는 인간들이여,
우리가 그렇게 영역 차지로 치고 박는 동안
대자연은 평화의 비상을 날리지 않는가.

단조로운 이면으로 상상을 초월하는 힘을 지닌 자연
새들에 시를 담은 노래 부르게 하고
호시탐탐 눈을 속이는 유희의 거짓도
이름을 불러 평등한 다정으로 대해주는 대자연

08

파뿌리머리 할멈
감나무 한 주와 서 있는
어느 집 마당
쟁반 같은 달을 보다
어디선가에서 소곳 대는
시냇물 소리 들으며
딸기가 먹고 싶단 말을 불쑥 내뱉고
주름진 웃음을 슬쩍 흘리는 정분의 남편을
얄미운 겹눈으로 째려본다.
가게 문 다 닫았을 이 한밤에
심부름 보낼 구실을 붙인 부부의 애정이다.

끊임없이 소망을 좇는 삶에는 부침이 크다.
사람을 외롭게 하는 세상살이다.
길에서 만난 소나비에 옷 젖을 새라
생물이라면 비 피할 처마를 먼저 찾기 마련이고
그 안에서 비 맞을 염려 떨쳤다는 안도는
다음으로 비 언제 그치나 알아보려
먹구름 하늘을 올려다본다.
새가 언제 쯤 날지를 살피기도 한다.

인생은 제 격에 맞는 해답을 찾고 자는
필요성이 적합한지를 좇는 여정이다.
그러면서 있는 듯 없는 듯
존재가 불분명한 나를 깨우는

인성을 다지는 자양분을 얻는다.
세상에 어느 누가 좋아 하는
노래만을 부를 수 있겠으며
성질 꼭 맞는 친구와만
차나 식사를 즐길 수 있겠는가.
생활뿌리에서 굳은 성격이 다른 점을 인정하는
슬기로운 지혜가 빛을 발해야 할 중대 시류이다.
분명하고 자신 있는 논리로
이것저것을 한 묶음으로 짜 맞추는 안목의 조율로
상생의 다리를 놓는 인덕의 시인은
오늘도 사방천지로 눈과 귀를 돌린다.

인생은 어차피 홀로 서기이다.
두 사람이 한길을 함께 걸어도
그 보행의 힘은 나의 두 다리에서 받쳐진다.
어떤 이가 내 눈에서 죄인임을 읽었다며 피하든
그렇게 사이 벌어진 불편의 극치를
죽음을 조력 삼아 뜻이 완성될 거라는
망상을 버려야 하는 이유이다.

가슴에 손을 얹고 소원으로 빈들
끌어안은 가슴이 북받쳐 뛴들
두 자녀 슬하에 여럿의 손자를 둔
노부부는 하늘의 별이 될 수 없이
앞서 간 모든 사람들처럼
땅의 일부로 돌아갈 운명이라는 점 잘 알고 있다.

09

뜨는 해
밭두렁 물 흘리니
배필 될 미상의 짝을 그리며
나른한 들판을 걷는 노처녀
몽우리 틔운 나뭇가지 흔드는
찬바람에 옷깃 여미고
땅 심心이 키운
푸른 냉이 뿌리 채 뽑아
숙성 되는 과정에서
하얀 곰팡이(골마지) 핀
장독된장 푼 국 만들어
밥상머리 차렸네.

달이 지키는 한밤
고요한 적막에 잠긴 삼라만상
시샘 부리 한기에 잠 쫓긴 산 진달래
저 홀로 일찍이 피운
분홍 빛깔 꽃잎
다소곳이 움츠렸구나.

10

동창 해 붉은 빛발
반겨 맞는 흰 구름에
한빛 색상으로 물들였구나.
잠에서 깨어난 보통 사람들
저마다 긴 호흡 몰아 내쉬며
꼬리 치는 반련 견 뒤로 하고
생업 건 직장을 향해 발걸음 재촉하누나.
자신이 그동안 심혈을 기우려 가꾼
외모의 아름다운처럼 친절해지고 싶어
사람들이 이익다툼 벌이는
독설의 모반謀反과 거리를 둔
실금 엿보는 눈치들이 많지 않는
지금의 환경이 안겨준 심신 안정 속에서
삶이 고운 제2의 방향으로 자신을 보듬는
사랑의 미味에 온정을 더 둔
살아가는 긍정의 힘이 머무는
그대 머리 위에
혼들어 채워진, 지평이 넓어지는
은총이 임하기를 빌어마지 않는다.

흐린 물 그대로 조용히 방치해두면
자연히 깨끗이 맑아지고
발뒤축을 들고 선 사람은
오래 서있을 수 없고
두 다리 크게 벌린 걸음으로 걷는 사람은

먼 길을 갈수 없는 법
체신에 맞는 균형을 잡고
좌고우면 하지 말라는 뜻.

11

새파란 하늘 아래 바다 한복판
멸치잡이 어선 한척
어부부부 영차영차 힘차게
그물을 끌어올리네.

떠나지 않고 머물러있는 뭉게구름
부부 머리맡 해 가려주네.
어선 둘레를 나는 갈매기 물살을 차며
구릿빛 부부 둥실둥실 띄우네.

노을빛에 물든 물안개
알면서도 모른 척
모르면서도 아는 척
어선 떠 밀어 귀가를 돕네.

간밤에 내린 자정 비
대지 목 축여줬으나
서둘러 채비를 갖춘 어부는
배 안에 물부터 퍼내네.

12

아득한 세월 저편 어느 봄날
허밍노래 가볍게 흥얼거리며 도착한
누군가의 큰집 앞
눈부시게 화사한 흰 목련 향기에 취해
누가 곁에서 숨결 내쉬는 인기척 미처 몰랐다.
긴 생머리에 미소를 띠운 낯빛
생글생글 두 눈빛 앳되게 여리다.
양갓집 금지옥엽 여식이다.
물을 청하자 목련꽃 뜬 정수그릇 올린다.
주고받는 유순한 짧은 대화
서로의 손을 잡기에 이른 두 남녀
이후 부부 연 맺고
뭐든 제자리에 두질 않는 자녀를
슬하에 뒀는지는 모르겠으나
이젠 나이테 들어 보이는 그 목련나무
대궐 돌담장 길 아직도 지키고 있다.

13

운신이 좁은 생활이 가난하므로
생산적 상상 속에서 유영을 즐기며
시상詩想을 담아낸 자유스런 율동의 언어로
하늘이 내린 영감(에스프리)의
신선愼選을 대변하는 시인이여,
고도로 농축된 창조의 샘을 길어 올려
뭇 영혼들의 정신적 목마름을
해갈해주는 시인이여

맑고 고운 천상의 노래로
만물에 소생을 불어 넣는 시인이여,
그대들은 심신의 피로를 풀어주는
숲의 공기가 아닐 수 없도다.
제약의 압축으로 다듬은 사물을
직관적 지각의 상상으로 재현한
승화된 정서의 정관으로
마른 나뭇가지에 새순을 돋아내는
천부의 재능을 지닌 봄날에 시인이여,
흙에 발 담그면 나도 나무가 될까
이상의 그리움으로 시어詩語를 좇는 시인이여,
땅에 묻은 고상한 밑뿌리 감성
실로 유有의 창조라 하지 않을 수 없도다.

14

높이 뜬 중천 달 찬이슬 뿌리네.
안내하는 백은白銀 길 따라 걷는 나그네
허기 배 달래려 치즈 한 조각 씹네.
한창 시절
옷자락 쉴 새 없이 휘날리는 바람과 함께
해 가려주는 구름 머리맡에 두고
산천을 둘러보는 낙으로 보낸,
마흔의 성상星像이 이마를 둘러싼 나그네
옷깃을 세우며 혼자 아닌
붙어서 뒤쫓는 제 그림자 돌아보네.
낯선 움막에 몸을 누인 나그네
누가, 누가 더 아름답게 곱게 예쁜가,
소리 없는 우위를 흐드러지게 다투는
사월 꽃들의 향연을 벗 삼아
하루 여정을 마친 눈을 감네.

귀신의 시간과 인간의 시간을
여명으로 나누는 태양의 수탉
예수 그리스도를 부인한 시몬을 깨우쳐
죄와 죽음으로부터 부활의 생명을 보게 한
그 베드로의 수탉 빛
여린 풀잎마다에 맺힌 영롱한 구슬방울
반짝반짝 반사로 온누리 밝히누나.

15

책상머리에 턱을 괸 오후 녘 시선
나뭇가지마다 새순 틔우는 산을
창밖 너머로 올려다본다.
신선한 그 향연 서재까지 밀려들어
은은한 생동감을 안겨준다.
그 아래 어디선가에서 바람을 타고 날아든
벚꽃송이 우수수 휘날리는 시기에 맞춰
무성가지와 결별한 6꽃잎 자목련
연이어 낙하하며 1차도 덮는다.

지난 밤, 어젯밤에 혼기 놓친 노처녀시인
하늘의 별들을 헤아려 볼 셈으로 외출했다
우연히 대학동창 남자친구를 만났다.
학창시절에 사이좋은 연민을 나눠품었던 둘은
나란히 붙어 앉은 공원벤치에서
입안 혀에 녹는 맛이 달싹하게 부드러운
아이스크림을 깨먹는 시간을 즐겼다.
그 살피가 아직도 가슴에 생생하게 서려있다.
어디라도, 어디라도 통로의 바깥이라면
하나의 세계가 탄생되는
현실을 뛰어넘는, 그곳에 내가 있는
그 완벽한 벗바리와 접목하는 시詩를 쓰다
연초록빛으로 봄날을 퍼트리는 자연을
알아보는 눈으로 목도한 것이다.

16

무릎관절로 보행이 편치 못한 엄마
절뚝거리는 걸음으로 집을 나선다.
학교에서 돌아온 딸
뒤따라 마당을 밟는 남동생
껑충 뛰어 안기는 흰털 강아지와
반가운 입을 맞춘다.
찬밥으로 세참을 먹은 초등생남매
바닥에 엎드려 얌전하게 숙제하는 누나에게
우둘투둘 장난을 거는 동생
그 눈길 매번 대문 밖으로 돌리며
버스를 타고 식당에 출퇴근하는
엄마그림자 기다린다.

엄마의 힘은 자녀에게서 나온다.
시장바구니든 길에서 넘어져도
자녀들의 얼굴을 떠올리면서 일어나고
밭농사에 허리가 구부정휘어도
자녀들의 장래를 걱정하며 견딘다.
자녀들이 누구에게 맞고 들어오면
대신 나서서 맞서 야단치고
학교입학이 미뤄지거나 취직에 낙방하면
어미 잘못 만난 죄로 아이가 벌을 받는다며
소금눈물에 젖은 손바닥으로 땅을 친다.

병상아이 머리맡을 엄마가 지키고 있다.

"아들, 잘 잤어. 장한 내 아들 훌륭하다.
배고프니? 밥 줄까? 어서 힘내자.
엄만 너 없으며 살아갈 용기 잃는다는 거 잘 알지.
그래, 어서 일어나서 우리 해식물이
절벽을 푸르게 일구는 바다 구경
세계 문화를 깨우는 여행 다녀오자.
하나님, 제발 우리 아이 데려가지 마세요.
착한 우리 아이가 청운의 꿈을 펼칠 수 있도록
이렇게 두 손 모아 비오니 제발 살려주세요.
아이야, 엄마기도 소리 들었지?
그래, 너는 의지가 하늘만큼이나 높으니
반드시 소나무처럼 튼튼하게 자랄 거라 믿는다."

17

덥지도 춥지도 않는 어정쩡한 사월
시도 때도 없이 불어 닥치는 돌풍에
존재감이 흔들리는 불안정한 계절
그 뿌리 도태되지 않으려
본래부터 지닌 중심의 인고를 더욱 다지며
겉 화려와 싸우는 광상狂想의 계절
쾌락이 범람하여 참 행복을 모르는 계절
불필요한 잡 벌레들이 달라붙는 성가심에
온 신경이 들썩들썩 어지러운 사나운 계절

가지가지 색상을 예쁘게 입은 꽃 축제로
온통 들떠 있는 사월을 보내는
나의 벗바리 친구여,
내 마음 뭉근할 때
행운을 빌어마지 않는 편지를 쓰네.
그대 여정 먼 훗날까지
지금껏 살아온 인생보다
훨씬 더 즐거운 장수 기원하네.
진귀한 물건에 견줄 수 없이
진실에 진실이 곧 보석인 벗이여,
허튼소리 좋아하는 자들은 함부로 떠벌리게 하고
마음을 쓸 것과 쓰지 말아야 할 것을 잘 구분하여
현혹에 놀아나지 않기를 소망하네.

18

아프다며 내내 누워 시간을 보낸 아가씨
꾀병 부렸었나? 잠결 몽상 온데간데없이
두 팔 날개로 달려가는 통통걸음 신명하게 박차다.
5송이 하얀 꽃잎을 피운 찔레나무 숲
낮에 다녀간 시인할머니 다음으로 찾은 자매,
분별없이 쥐었단 누군가의 비밀을 품고 있을
가시에 찔릴 새라 조심조심 접근한다.
처녀의 몸으로 바쳐질 몽골족에서
마음씨 좋은 주인의 극진한 은덕으로
그리었던 가난한 옛집으로 돌아와
찾고 찾은 혈육들을 끝내 만나지 못한
착한 소녀의 슬픈 이야기를 들려준 엄마가
고향산천 꽃이라며 애지중지 보살폈고
조부시대에는 보릿고개 넘도록 연한 순을 제공했다던
장미의 엄마다운 화사로
한밤의 주변 환경 그다지 어둡지 않다.
서늘한 공기 더더욱 감미롭게 차다.
온화한 청초기운 넘실거린다.
머나먼 높은 곳으로 눈길을 쳐든다.
별을 따 덤불숲에 걸고 싶다는 여심은 꿈을 꾼다.
합장 손 가슴에 붙여 기도하는 모습
미남자 그리는 호기심 방실하다.

19

솔바람 도는
새벽하늘에 뜬 샛별
요람에 누워있다.
귀염둥이 아가가 뭐라 응얼거리는 데
정상 대화가 아니라
알아듣지 못하겠고
화사한 흰 연화蓮花에
눈이 부실 지경이다.

눈빛은 순백하게 맑고
뽀얀 살갗은 부드럽게 연하고
방실방실 웃음은 꽃봉오리
애중의 기쁨에 들뜬 엄마
뺨에 뺨을 맞비비며
어른의 생활환경에서 배인
세속의 온갖 근심걱정을
아늑한 푸근함에 묻고 잊는다.

아기가 운다.
엄마는 눈에 넣어도 아프지 않을
천사를 안아 젖을 물린다.

20

"밤이 깊었다. 그만 자자."
"잠이 안 와."
"생각이 많군."

특출하게 뛰어난 누구처럼 똑똑하지 못해
대학졸업을 겨우 마친 그의 삶은 고달팠다.
최선을 다해도 앞서 가는 사람을
따라잡지 못하여 남몰래 눈물을 흘리는
그에게는 리듬을 갖춘 음악이 있었다.
끊임없는 노력에도 손과 발이 다 잘린 장애로
끝이 닿지 않는 머나먼 길
방향을 알려주는 나침반 없이
침울한 피가 감도는 내면의 소리 들으며
불행을 떠받드는 오기도 잃은 채로
새 봄의 수액을 끌어올리는 나무에 기댄 채로
병든 의향이 빈 구덩이를 파는
구제불능의 채찍을 그만 맞으려
재능이 크다고 거만 떠는 하찮은 존재들에
상상을 초월하는 머리를 조아리면서
엉덩이 닳도록 비벼댄 가장 밑바닥
달도 슬퍼지는 달콤한 거짓말에
다 소용없다는 쓰라린 침묵을 삼키는

이를 악물고 달리고 또 달렸다.
그러면서 가는 곳곳마다의 무대에서
대중들로부터 열광의 갈채를 받는 오늘에 섰다.

그 와중에, 너와 첫 입맞춤을 한 그날은
인생최대의 축복이었다.
향기로운 하얀 꽃다발이
푸른 목장에서 눈처럼 뿌려졌던 그날
추억에 담아줄만한 행복한 밤이었다.

진정한 예술가는 작품을 꾸미지 않는다.
다만, 영혼의 노래만을 부를 뿐이다.

21

주님께서는 제게 너무나 큰 행복을 안겨주셨습니다.
모든 면에서 최고의 가치를 선물로 내리셨습니다.
주님을 멀리하는 방황 중에도 버리지 않으시고
넓으신 인내로 끝까지 사랑으로 품어주셨습니다.
누군가가 저를 구원할 수 있다면
그 주인은 바로 주님뿐입니다.

믿을 수 없을 만큼 잘해 주셨습니다.
부족함이 없도록 흔들어 채워주셨습니다.
다른 사람들에게 이 모든 진실을
전도로서 말을 하고 싶습니다.

주님은 제 인생의 전부입니다.
저의 기쁨은 오직 주님으로부터 부여된 겁니다.
이젠 모든 거 떠나고, 지금 제게 남은 것은
주님의 선하심뿐입니다.
세상 어느 누구도 저만큼 행복하지 않을 겁니다.

22

네게로 눈동자를 향해 두신 주님께서는
너를 광명의 길로 인도하시리.
해가 비추는 평강을 원하시는 주님께서
너를 높여 지경을 넓혀주시리.
자손대대로 이웃과 정을 나눌 꿀을 공급하리.

밝은 방향으로 가지를 뻗는 나무처럼
해 비춰드는 양지쪽으로
한 발 더 들이려는 너의 발자취
죄 짐 벗은 푸른 기쁨 보이는구나.
한층 자라 세상을 보다 넓게 품는
신의 믿음이 보이는구나.
하나님의 임재를 연습하는 선행
그리스도와 동행하는 아름다움
빛 가운데 속해있구나.

구원 입은 은혜를 나누는 이 자리
살아 있는 오늘이 얼마나 감사한지
지금 이 순간이 최고의 절정이다.
사랑합니다. 고맙습니다. 평범한 언어
절세미인의 입술마다에서 되뇌어진다.
한번 돌아보면 고운 꽃들을 앞 다퉈 피우는 들판
두 번 돌아보면 꿀 머금은 벌꿀 떼들
날개 치며 집으로 돌아오누나.

23

나의 보호자로써 힘이 되시는 주님이여,
일어나사 불신의 대적 흩으시고
주를 미워하는 적대로
모임을 헤치는 구원 밖 방해꾼들
한 길로 왔다 열 길로 도망치는 광경을
열린 영안으로 보게 하소서.

신앙으로 삶의 질서를 잡게 하소서
올바른 판단이 부당하게 욕 당하지 않게 하시고
예술의 양심이 돈의 권력에 벙어리 되지 않게 하시고
솔직한 진실이 잘못된 오해로 변질되지 않게 하시고
찬란한 명예에 오염이 끼지 않게 하시고
선한 행실이 악인에 유익을 끼치는
우愚를 범하지 말게 하소서
은혜의 기쁨에 취한 나
주님에게서 눈을 떼지 못하고 있나이다.

24

그대 안에 나의 사랑
내 안에 그대 사랑
두 손이 받든 어여쁜 장미송이
우리의 새 지평 축복이리.
만세 전부터 예비해둔
두 몸이 한 몸 된 우리의 이날
등 뒤에서 밀어주는 주님의 손길
새 믿음을 주신
열매가지 담장을 넘는 풍성한 축복이리.

살아있는 영혼은 날개 힘
그 힘이 되시는 주님
서로 손잡은 평강의 푸른 초장
땅 위를 걷는 인생들 가운데서
서로의 보호자로써 손잡게 하신
주님께서 열어두신 희망찬 길
오늘을 걸어갈 때나
내일 뜰 찬란한 태양 기쁘게 바라보며
우리 가족의 행복한 노래
위에서는 하늘의 은총
아래로는 목마르지 않은 깊은 샘

25

강한 자 앞에서 약한 자를 도우 시는 이는
믿는 자들을 사방에서 보호하시는
하나님뿐이심을 고백합니다.
약한 손이 일어나
주님의 살아계심을 증언하게 하소서
하나님의 보좌이신 성전을 향해
두 손 높이 들어 기도하는 성도들이
마가다락방에서 역사하신
오순절 운동에 힘입어 기뻐 뛰는 찬양을
계시는 보좌에서 홀로 영광을 받으시옵소서.
주밖에 우리를 가슴 깊이 안아 줄 대상 없음을
사람에 메여 이곳에서 저곳으로
정처 없이 유랑하는 영혼들도 알게 하소서
그들도 주님 앞에 안착하여
우리처럼 주님 말씀을 듣고
영생을 누리게 하소서

26

존재의 수레바퀴는 돌고 돌아
어느 종착지에 이르면 소멸하나니
사계절 안에서 살아가는 인생에서
똑같은 동일은 있을까
우리가 생활적으로 알고 있는 한 가지는
맨날 그 밥에 그 반찬이 아니라
끼니때마다 바뀐다는 사실이다.
기원 전 저 먼 옛날에
이스라엘 민족이 가나아 땅에 이르는
여로의 광야생활에서 그들은
하늘이 내리는 맛나와 메추라기 외에
다른 음식을 먹을 수 없었다.
그들의 불평불만의 대적은
모세를 넘은 하나님께 대항하는
극악에까지 이르게 되었다.

27

나는 무엇을 원하는가.
그것을 얻기 위해 무엇을 해야 하는가.
우리가 원하든 원하지 않던
인생의 정답은 삶이다.
현실의 능력을 뛰어넘는
당면의 위기를 극복하려
수없이 부딪치는 온 몸으로 싸우며
인생의 나이를 먹어간다.
그 연륜은 날로 인식을 높여
무언가를 깨닫는 단계에 이른다.

28

이 세상 끝은 어디까지 일까
수명을 마친 한 종족은
그 자체로 사라진 것이 아니라
바람처럼 확실하게 존재하고 있다.
자녀들의 생활상에서 그 선조의
살아 숨 쉬는 숨결의 면면을 볼 수 있다.

철학이 끝끝내 정체를 밝혀내지 못한
수수께끼 전설 신비
이미 나에게도 있었다.
시행착오의 실언을 매번 낳았음에도
성경에 길을 묻는 신앙을 고수하며
매달린 소소 일상이 그 증거이다.
개체로서의 인간존재 얼마나 나약한지-

전방을 내다볼 수 없는 칠흑어둠과
하나가 되고 싶지 않았다.
어느 지표에 박혔을 돌부리에
넘어질 수 있는 불안심과는
손을 잡을 수 없었다.
인격적으로 모자랄지라도
나에 나인 하나님을 만나고 싶었다.
구원 밖 사람들부터 경멸이 따라 붙었다.
그때마다 골방으로 들여보내
날아드는 돌팔매 막아주시면서

심신을 강건케 하신 나의 하나님!
감사합니다.
하늘의 높은 보좌에서
낮고 낮은 이 땅에 내려오신 아기 예수여,
인류에 평강을 내리소서.
온 인류가 장차 인류의 죄를 짊어지실
주님 오신 날 기념을
성도들이 찬양으로 반겨 맞는 광명한 이날

노하지 마소서
지금 이 시각에도 인류는 온갖 병세로
가족들과 따뜻한 작별인사 없이
어느 날 갑자기 이 땅의 경계를 넘어
영원한 잠에 들고 있나이다.
그 수가 헤아릴 수 없이 굉장히 많나이다.
그들이 이젠 맘 편히 쉬겠단 말을
감히 입 밖으로 내지 못하는 까닭은
인명구분 없이 언제 어디서든 무단 침입하여
병상에 눕게 하는 유행의 괴질 때문이나이다.

인류의 눈물의 호소
외면하지 마소서, 귀를 막지 마소서
하늘보좌에 영생의 믿음을 두기보다
온갖 죄악의 뿌리인 물질노예에 사로잡혀
제멋대로 놀아난다는 책망도 하지 마소서.
믿음의 감수성이 떨어져 예배를 잃었음은 물론이고
기도의 열정도 실족했다는 야단도 치지 마소서.
다만, 연대가 다하는 그날까지

땅의 식물로 연명하는 피조물의 인간들을
한없는 긍휼함으로 가슴 깊이 안아 주소서
그들은 강한 척 허망 떠는
바벨탑 인간들임을 기억하소서.

빛으로 오신 아기 예수여,
평강의 왕이시여,
우상에 절하지 않고
요단 앞 그릿 시냇가에 숨어
까마귀가 날라다 주는 떡과 고기의 힘으로
굳건한 믿음을 향해 쉼 없이 달리는 의인들의
기도소리를 두 귀로 들으시고 속히 응답하소서.
선하신 목자이시여,
악인의 길을 따르지 않고
오만한 자리에 앉지 않고
불철주야 모이기를 힘쓰는 가운데
하나님의 나라가 세워지기를 고대하는
그들이 올리는 기도향기의 주요 목적은
기복에 따른 일시 감사가 아니라
하나님의 독생자 아기 예수를 앞에 모시고
그 말씀을 듣고 치유의 역사가 활활 일어
누구든 주님의 평강을 입는 은혜의 간구이나이다.

29

진정한 예술가는 작품을 꾸미지 않는다.
다만, 영혼의 노래만을 부를 뿐이다.

고요한 예술의 계절
그 계절을 뛰어넘는 예술 광휘하다.
초췌한 잔해를 눈으로 좇아
구부러진 것, 흐르는 물결을
깊은 오묘로 살려내는 예술은
아름다움 그 자체로다.
꿈에 실망한 얼굴에 긍정의 빛을 입혀
꽃이 피게 하는 그 힘
얼음 밑 깊숙한 구멍에 갇혀
옛 추억만을 간직한 낙엽을 끄집어 올려
바람에 태워 어디든 다니게 하는 그 자애
어디에 비하랴.
나의 이야기에 너의 이름을 넣어
그의 사기를 높여주는 예술인들을
신이여, 축복하소서.

30

시간 맞춰 땡땡 치는 시계추처럼
당연했던 과거 안에서
자녀들을 낳아 기른 오늘날의 노인들
시대 변화의 추세에 밀려
당연하지 않게 된 낡은 옛 것들을 넘어
눈부시게 발전한 과학문명의 관통을 뚫으려
그 자녀들로부터 전수받으려는 노인들
오래된 밤처럼 의심의 눈이 어두워
머리가 굳어 듣고 배운 공부를 금세 까먹고
연필 쥔 손의 움직임도 둔하게 느려
넘어야할 현실의 창의 정신 앞에서
숨 막혀 짐짓 큰 숨을 내쉬지 못 하고
어리바리 당황하는 노인들
주름진 세월의 무상 몸소 깨치는구나.

31

밤은 밤대로 식물의 신원을 가리고 있다.
달이라도 떴다면 핑크색인지 크림색인지
그나마 분별할 수 있겠으나
몹시 더운 여름밤은 달을 띄우지 않았다.
영혼의 접근을 금하고 있다.
나는 지금 자고 있는 걸까
깨어있는 걸까

발아래 꽃 이름 몰라
내 가슴 창백함에 물들어있다.
처음으로 대하는 식물이라
모양새 설명조차 할 수 없는 입장이다.
생김새가 어떻다는 설명이 가능해야
품위에 맞는 이름을 붙여줄 수 있을 터인데
한 모금의 성수로 영혼을 깨워
너의 환희로 불릴 이름을 지어주고 싶구나.
하나님의 품에 안겨 생명책에 기록되어 있는
너의 이름을 사랑하고 싶구나.

보는 눈과 듣는 귀를 열어 주소서

이르지 못한 미지未地 나라

32

이르지 못한 미지未地 나라
내려놓을 수 없는 오늘의 짐 이어 지고 가려니
시야가 가려지는 뿌연 안개
이마와 등줄기로 고뇌 찬 진땀 흐르게 하고
겪어야 할 혼란의 신음
미혹의 농락 아닌 대망大望의 결실이길―

태연한 척 감정을 숨기고 지내왔던
지난날들의 기억들을 뒤로하고
교외로 나와 무릇 익은
신록의 자연을 마주한다.
암컷·수컷동물들이 짝짓기 하는
봉우리 절벽바위 사이로
구름그림자 지나간다.
그곳으로부터 발원되는 청정 산수山水
넘실넘실 비벼 대는 개울 물결로
잠든 영혼 깨우는 생명의 노래 들려준다.
바위벽을 타고 수직으로 흘러내리는 물줄기
소풍 나온 모녀 한 손에 들꽃 쥐고 조약돌 줍는다.
꽃향기 좇는 나비 한 쌍
질량 상큼한 초원 상공 날고.

33

흰 꽃 핀 배나무아래 누군가 서성거린다.
방문객은 애써 정신을 가다듬는다.
남자인지 여자인지 성별구분 가물가물하다.
들떠서 분별 있게 바라볼 수가 없다.
이삭 틔운 보리밭
바람결에 넘실넘실 소동 피는 사이
깃털 날리는 종달새 창공에서 우짖는 동안
그늘에서 햇살 밝은 밖으로 나오자
비로소 환영 아닌 사람임을 알아본다.
해 가림용 밀짚모자를 썼고
알맞게 그슬린 구릿빛 얼굴
입에는 강아지풀 줄기를 물고 있다.
생동 피는 대지 향기에 감싸인 용체는
작업복 차림새이고
장갑 낀 한손에는 삽이 들려있다.
체면 따위는 아무래도 상관없다.
남들에 잘 보이는 멋을 내려한다면
그는 흙을 만지는 농부가 아닐 터

34

너의 감수성 깊은 목소리가
나의 귓전에서 울린다.
구름 속을 넘나드는
혼이 실린, 숨결 어린 그 고운 청아
나는 기쁨으로 듣고 있단다.
나뿐 아니라 고요에 잠긴 푸른 초원도
우리 세계와 멀리 떨어진 천상의 그 노래
가슴을 연 귀로 듣고 있단다.
코끝을 간질이는 그윽한 장미꽃향기.
귀여운 사랑아, 너를 좋아하노라.
너를 낳고 기르신 부모와
형제자매까지 사랑하노라.
어제 비로 젖은 풀숲
햇살이 반짝반짝 말리고
옅은 안개는 하늘로 피어오르며
만물로 하여금 춤을 추게 하누나.

의자로 앉은 그 바위 차지 않니?
금빛이 물결치는 너의 긴 머리 결
다소곳한 평안이 깃들어있구나.
내 너의 보조개 뺨에 축복을 보내니
그 영혼의 맑은 가락 다시금 들려다오.

35

마실 나온 노부부
앞서가던 할아범 멈춰 서서
무릎관절로 늦는 할멈 기다린다.
절름절름 부자유 동작 속 쓰리다.
핏기 마른 웃음 애써 피우는 임자
먼저 가라며 손짓 거린다.

'업어줄까?' 노인은 생각한다.
할멈도 수십 번 등 붙여 쉬었던
우산 잎 오동나무 아래 벤치
뒤뚱뒤뚱 다가오는 할멈 손잡고
먼저 앉히는 할아범
피부감촉 까칠 찬 느낌에 새삼 놀란다.

지표에 닿은 샛노란 꽃 굽어보는 할아범
세월의 무심을 회상하는 수심에 잠긴다.
가족을 일구는 데 버팀목으로 떠받든
위안의 등을 긁어주며
일이 안 풀려 화를 버럭 내지를 때
발바닥을 간질여 얼굴 펴게 했던 임자에게
민들레 별칭 '행복과 감사' 표명
한 번도 입 밖으로 내지 않았다는 반성의 빛이다.

자유를 누려야 평화의 소중함을 알고
마음을 열어야 사랑이 들어오는 법

하나의 자질과 대립되는 또 다른 자질
수많은 오류를 가려내는 진실
무슨 일이든 순탄하다면 왜 눈물을 흘릴까.
아프니까 생명이 깨어있음을 본다.

36

반팔 옷 춥다싶은 새벽공기
안개 거두며 동녘을 여는 바다물결
주위를 펄럭거리는 긴긴 해
며칠째 쨍쨍 밝다.

창공을 가로지르는 제비
논흙 물어다 처마 집 짓고
우편물 들고 우체국 가는 중년 여인
나비 쫓아 걷는다.

녹색 짙은 세상, 송화松花 자라고
날리는 화분에 기침하는 산책주민
가지 당겨 한 움큼 딴 오디(뽕)
새콤달콤한 맛 입안에서 즐긴다.

찻집 테이블 사이에 두고 마주앉은 세 사람
중개사람 양인에게 악수 나누게 한다.
벗이 된 세 사람 우정의 눈빛을 빛내며
서로를 바라본다.

거실바닥에 둘러앉아 꽃핀 난蘭 중심으로
이야기꽃 피우는 어느 집 가정
커튼 거둬들인 창문 너머에서
"잊지 말아요." 속삭임 듣는다.

37

사회에서 은퇴한 무명인들
보리수그늘에 모여 있다.
화젯거리 될 만한 적절한 말들을 찾지 못하여
호흡의 숨결만을 연시 내쉬며 있다.
그들이 떠난 금계국 노란 꽃 터
뒷정리 안한 의자 하나 넘어져있다.
그 모습 자력自力을 잃은 사람과 흡사 닮았다.

쉰세 살의 그녀, 이젠 우월성 겨루는
젊은 날의 경쟁시절 다 내려놓고
세상을 깨치는 장기 여행계획을 세워두고 있다.
머리가 세도록 시집을 못간 노처녀이다.
해보자! 해보자. 후회가 없도록!

그녀는 대학에서 퇴학당한 여성이다.
여학생들에 품위 민망인
배꼽티, 짧은 반바지 차림새을
용인 않는 경직된 학교였다.
자유 빼앗긴 허수아비 신세
나의 고통 누구에게 이익일까.

그들의 앵무새놀이
감옥 인 타인의 눈
비천한 마음의 노예
줏대 없는 시종노릇

소름 끼치게 지루하다.
가장 높이 뜨는 새 가장 멀리 보듯
생각의 자유에는 이상의 창의력이 있다.
몸이 무거우면 제자리 뛰기도 못한다는 거
안주만을 좇는 사람들 알기나 할까?

38

수많은 종자 씨를 품고 있는 흙은
풀과 덤불과 그밖에 생물들과 아우른
큰 나무 키우는 꿈을 꾸고 있다.

즐거운 날갯짓으로, 공기 가르는 축가로
이른 시간을 깨우는 한 쌍의 새
아쉬운 후회감이 남아있는 거리 풍경은
명상적이지 않게 열기가 달아오른다.

내리 쬐는 태양폭염 후텁지근하다.
이글이글 끓는 대지
잠깐 스친 잠비
흐름이 시원한 맑은 물결
수양버들 그림자 형체
흔들흔들 일그러트리는 장난을 치고
송사리 떼 수초에 숨는 놀이 즐긴다.

길 건너 물 건너
가지 늘어진 수양버들 아래로
하나 둘 모인 여럿 사람들
저마다 땀에 젖어있다.
치마끈 저절로 풀린 줄 모르는 아낙
선량한 반색 무해하게 정겹고
넓게 잡은 돗자리 위에서 뒹구는
어려 적 하얀 손 동무들

깨끗한 접시 몇 개 옆으로
수박과 과도가 준비되어 있다.

기쁜 추억이 반짝이는 동무들의 눈빛
푸른 하늘 일부를 띄운 시냇가에
무더위 잊을 무렵인 저녁까지 머물면서
하루를 느슨하게 푸는 교류를 나누었다.

39

낮 동안 생기를 이끈 태양
밤에는 은빛 달로써 길을 비추는구나.
모든 사물 하나의 그림자로
자신의 형상을 모시는 도다.
많이 거둔 자도 적게 거둔 자도
무엇 하나 부족함 없이 잠이 깊다.

사람은 형편에 맞게 움직여야
심신이 편해지나니
그대의 실질은 무엇이며
오늘날 무엇을 이루었느뇨.
그대의 발자취만은 알리.

사람이 교류하는 영혼에는
믿음으로 통하는 만남이 있다.
약혼한 두 남녀 주린 서로의 눈에
기쁨과 즐거움으로 채워주는
사랑의 정기가 흐르고 있다한들
이튼 날이며 기슭에 가라앉는 졸림이 밀려들어
전일에 취흥에 젖었던 수국화 향연
그 어딘가로 증류蒸溜되리.

죽음에 관한 사람들의 일상
그대들에게도 상관되는 운명이나
그 분망함은 진한 사랑 앞에선 외양이므로

고운 순결이여, 호흡을 새롭게 하라.
가난한 자는 얼마의 저축에 늘 관심을 두나
부자는 감춰둔 보물 시간 때마다 살피지는 않으니
여름철의 뜨거운 기류 가을의 풍년임을 말하라.

40

신축 공사장에 점심시간이 돌아왔다.
식사를 마친 근로자들
냉기 피는 차가운 맨바닥에 깔
종이박스 따위의 용품들을 제각기 찾아들고
아무 자리에 길게 누워 눈을 붙인다.
기껏, 이삼십 분 남짓에 불과한
그 잠시잠깐의 시간에
이른 새벽부터 해 저무는 노을 때까지
이어지는 기나긴 고된 노동으로
부족할 수밖에 없는 잠을 채우려는 경쟁이다.

일머리 미숙한 근로자
굳은 살 없는 실수의 공포 때문인지
제 역할을 제대로 수행하지 못하고 있다.
잘해보겠다는 의욕을 너무 앞세운 나머지
되레 그 힘에 눌려 누렇게 뜬 눈
현장반장인지 동료인지 그 한 입으로부터
　　"굳은 살 없이는 그 일을 할 수 없지"
라는 부정의 훈계를 듣는다.
망신의 굴욕감에 톱을 내려놓은 근로자
남몰래 흘리는 눈물 고운손등으로 닦아낸다.

목숨이 붙어있기에 밥을 먹어야 하고
기력을 일으키는 그 일용한 양식 비 벌려
인맥 넓었던 신사시절의 자존심 격에 맞지 않게

대가 없어 지표에 붙어 사는 질경이 신세
아무 때나 사람들의 발질에 밟히면서
비만 내리면 전신이 잠겨드는 수장인생
부당한 취급이라 하지는 않겠으나
기만당한다는 슬픔 떨칠 수 없도다.
옛 명성, 인맥고립 무어라 흠을 볼 런지
바람도 달빛도 위로는커녕
왜 그리 더 깊은 상처로 도지게 하는지
새로운 창작을 그리는 두뇌에게 묻는다.

41

일기 선선한 지금쯤 계절이면
정월에 담가 놓은 메주장독 덮개 열어
햇볕기후에 얼마나 숙성됐을까
눈 확인을 거쳐 약지 끝으로 찍어
언제쯤 된장으로 쓰일까 가늠 잡았을
그 어머니들의 딸들
커피숍에서 차 마시며 수다를 떤다.
집안 살림에서 바깥바람 쐬는
자유의 해방이 필요했던 백발할머니들
맺지 못한 쌓인 이야기꽃
차도를 건너며 주절주절 이어간다.
반세기전 의복에 흘린 음식물 얼룩 채로
동네 마실 다녔을 그 마고 어머니들의 그 딸들인
현대할머니들
여자는 방구석에 눌러앉아 시부모 섬기며
길쌈과 바느질이나 했던 그 시절 무관하게
색깔 튀는 목 스카프자락 살랑살랑 날리는
세련된 멋쟁이 차림새로
국화, 코스모스 구경 다니는 소풍 즐긴다.

42

푸른 담쟁이로 뒤덮인
석조건물 도서관입구에는
기쁨의 상봉, 이성 간의 포옹
대학합격, 취업성공
학업성적 우수, 기수들과의 맥주파티
진로고민, 경쟁에서 밀린 낙망으로
울부짖는 통곡 등의 숱한 사연들을 보고 들었을
아름 굵은 노거수老巨樹 한 그루가 서 있다.
집 기둥, 가구재로 쓰일 정도로
좋은 운을 안겨주는 행운 목과
망향의 회화나무이다.

고시준비를 게을리 하는 선비들에
회초리 용도로도 쓰였다는 그 앞으로
분야별 지식을 익혀 세상을 열어보겠다는
미래 사회인들의 행렬발길이 분주하다.
밝은 방향으로 가지를 뻗는 나무처럼
배를 바다에 띄워 큰물에서 일을 하며
사나운 광풍과의 맞싸움에서
물러나지 않을 인물 오늘도 그려본다.

43

자연 전형 그대로
한여름 경치를 꾸미는 푸른 수목들
일자로 곱게 뻗어 자란
한 뿌리 두 그루 쌍태 소나무
풍모가 고결하게 위풍 하여
절로 탄성이 내질러진다.
그 아래 지표에는
바늘침엽이 겹겹이 쌓여있고
신발에 밟히는 감촉 부드럽게 순하다.

할 말이 많은 바람, 내 귀에 속삭인다.
높은 언덕에서, 호수에서, 숲 지대로
보이지 않게 발 들고 손 흔들며
길을 가르쳐주는 바람
그 너머 여름밤이슬
작은 꽃잎들에 수정방울 얹는다.

풍향의 성질을 싹 바꾼 바람
이번에는 포도밭 습격 자 되어
제 영역인양 소동을 일으킨다.
당도가 가장 높은 알알이 송이를 파먹어
열매로써의 구실을 잃게 하는
나쁜 자 벌레만을 콕 짚어 쫓아낸다.

44

나이에 광속이 붙었음을 실감한다.
어느 세월에 윤색 잃은
한 잎 떨기에 다다라있음을 돌아본다.
기르던 날짐승 달아나는 모양 붙들 새 없이
손가락 사이로 새어 나간 시간
마침내 취업에 성공한 기쁨을 함께 나누려
아침이면 무궁화 꽃이 활짝 반기는
고향 기차역의 어린 조카를
부둥켜안았던 시절이 엊그제인데
그 아이의 훌쩍 자란 어른 된 모습에서
나의 두 어깨 짓누르는 인생살 무게 느낀다.

과거는 오늘의 나를 키운 후광
지난 자취는 나의 사기에 호흡을 불어준 뒤 창문
서로를 그리워하는 연심의 불꽃을 튕겼던
나의 옛 애인의 두 성질은
한편이 외로운 가슴을 보듬어준 위안이었다면
다른 한편은 종잡을 수 없는 갈팡질팡 행실로
끝없이 갈등을 겪게 한 여인이었다.
관계가 어떠했든 사랑은 몸을 덥게 하나
물은 자체로서 열을 내지 못한다는 것이다.
그렇게 냉온탕을 넘나들게 했던 두 애인은
나의 삶의 균형을 잡아준 은인이었음을 고백한다.

45

까마득히 높은 상공에서
팔월의 푸르싱싱 공기를 가르는 솔개 한 쌍
그 아래 땅의 삶을 쫓는 인파들
거친 숨결 내쉬며 비탈길 오른다.
힘든 걸음에 더위가 더해져
송골송골 땀 이마에 맺혀있다.
누구는 피서지에서 검게 태운 낯빛으로
누구는 시장에서 산 대파 두 단을 들었고
가장 눈길을 끄는 대상은
교통사고로 외발만 쓰는 여성장애인이다.
모두가 크고도 넓은 가슴으로
샘 곁의 무성가지가 담장을 넘는
나만의 아늑한 보금자리를 지어
나의 다복한 사랑의 이름을 문패로 달자는
꿈의 여로를 좇는 시간을 쓰고 있다.

팔월의 나뭇잎 무성하다.
푸름이 하늘을 온통 가렸다.
하늘에서 내리는 비를 흡수하는 산골짝
눈도 없고 생각도 없는 상쾌한 바람
좋은 기분을 찾으려면 과거를 돌아봐야 한다는
누군가의 반쯤 감은 눈의 한마디 유머에
날개를 펴 긴장을 푸는 한 마리 새
수고한 손들에 심은 대로 소산물을 보게 하는 땅
송아지 뛰노는 푸른 초장의 평화
젊음의 패기가 드높다.

46

하루가 저물 지 않을 것 같은
기나긴 여름햇빛을 반사하는
찬란함에 눈이 부셔서가 아니라
지평선에 펼쳐진 울창한 숲에서
피어오르는 안개를
나뭇잎들이 흡수하여
무지갯빛 물 만들어
뜨거운 대지를 식히는 자연광경이
참으로 경이하여 말문이 막혔던 게요.
또 하나 신비는 반석이 피어낸
석류나무 한 그루였다오.

오겠단 사랑 내음 기다리며
부채로 하품 가리는 피로를 끼고 앉아
모기 쫓는 모닥불마저 꺼진 화덕 재를
부젓가락으로 쑤셔대며
푹 잘 구워진 옥수수 끄집어내
아니 오는 임 그리는 별빛 밤
하모니카노래로 달래본다.

47

홀로 외로이 서 있는 높은 바위
벼이삭 꽃대 위를
날갯짓으로 가로지르는
백로 바라보는 시선에
사심 없는 정기가 실려 있다.
지체의 수수한 자력으로
꽃을 피우고 지우는 평화의 들판
봉선화에 물들인 손톱 말리는
초승달 눈썹 소녀
떠 흐르는 흰 구름조각
두둥실 지켜본다.

숲속에 생기를 불어넣는 수직폭포
메아리로 잠결에든 영혼에
기운 시린 물안개
신선한 산소 마시게 하누나.
속박에서 풀린 나의 영혼
누군가의 놀라운 자유의 영기靈氣에 들려
하늘로 들어 올려진다.

48

장난을 좋아하여
입 꼬리며 눈웃음치는 자태
같이 놀자는 손짓인지
계절에 익은 눈앞에 나뭇가지 잎들
실낱같은 가벼운 미풍에
살랑살랑 흔들린다.

개체의 작은 생물들로
이루어진 은은한 풍경.
중류로 걸러진 속 깊은 시간
보이지 않는 이면의 다정다감한 정서
고즈넉하게 가라앉은 영역을
재 조율로 작용하는 사물그림자
생활 반경에서 만날 수 없는
헤아릴 수 없을 만큼
공기 선선한 유기체 감회
아무것에도 종속되어 있지 않아
날을 채운 밝기가 더한 아늑함
보편의 안전이 유연하게 확보된
한소끔 동화 꿈결에 들게 한다.

49

비 개고 안개 걷히니
드러난 먼 산마루
갓 맑은 하늘빛

수목 우거진 녹음 계곡
산수 맑고 시원하니
몸 풀고 마음 풀고
한 세상 행복하구나.
자연 품에서 더위 잊은 사람들
하하 호호 동심을 즐기누나.

50

남자아이들은 제기차기
여자아이들은 치맛자락 날리는 그네놀이
미취학 재롱둥이 아이 손에는 솜사탕
저편 느티나무 아래 자리 잡고
윷놀이 즐기는 한가위 가족 팀

쟁반 달 저리 밝으니
세상이 온통 은빛물결로 물들였구나.
고개 숙인 벼이삭 여무는
서늘한 결실의 계절로 들어가는
수목에 둘러싸인 공터에서
하나 된 손과 손잡은 원을 돌며
강강술래 부르는 여인네들의 합창을
먼발치에서 귀 담는 강물도 은빛으로 흐르고
두 그림자와 함께 길 따라 걷는
나그네 어깨에도 고운 빛 내려앉았구나.

대추나무 아래 차려진 평상 음식물
한복차림 머리 중심부에
핀을 질러 족두리 얹은 소녀공주
엄마, 할머니가 마음결로 올린
한복판 솔잎 붙은 송편 집으려 내민
포동포동 손등에
달빛그림자 대추열매 서렸구나.

51

소슬바람 부는 구월의 아침
흙에서 자란 꽃은 시들어
졸음에 잠긴 적갈색 나뭇잎도
하늘빛 그리워
창연愴然의 눈물 흘리누나.

구월은 누구의 계절도 아닌
즐겨 맞는 이들의 몫
보라, 높푸른 하늘의 흰 구름
지상의 그림자로 떠 흐르며
날개 편 둥지 새 우짖게 하지 않는가.

입새바란 정원 장미
벗 없이 홀로 남은 외로운 심장
살랑살랑 떤다.
전설에 묻혀가는 가시줄기
아직도 아름답게 풍성했던
여름날에 머물러있다.

우리는 청춘의 날개가 뜨거웠던
추석 열대야까지 불러들였던
동안 혹서의 대처 방법을 깨우쳐준 그 여름이
비로소 또 다른 하늘빛에
무대를 물려주었음을 확실히 믿는다.

52

믿음 없는 자녀에게
머리 쓰다듬는 칭찬으로 안심시키는 부모
숭배의 그림에 허리띠를 벗겨
그렇게 포도송이 단맛을 빨아먹은
그 껍질에 생기를 불어넣어
저녁이 다 되도록 한껏 취했던 한탕 놀이를
입술로 누설하여 거짓을 증언하게 된
먼 꿈에서 깨어난 두 자녀
처지 부끄러워 도망친 불 끈 방에서
한시름 덜고 밖으로 나와
강가로 달려가 멱을 감는다.

53

숨 한번 깊게 몰아 내 쉬며
성대를 여는 헛기침을 한다.
윤기 번들한 여유로
공간 넓어지는 휴가 지를 향해 간다.

주말인 오늘도 평안하리라 믿는다.
삶의 노고에 지쳐
머리카락 마구 뽑는 걱정 덜고
그지없이 사이가 좋아진
나의 심안心眼은
나뭇가지 열매 여물 게 하는 가을햇살에
깊은 감명을 받고 있다.

누구로부터 들은 거니?
부디 목소리만이라도 듣게 해다오.
삶은 한눈으로 읽는 동화가 아니라고
담백한 음정으로 말한 친구여,
지금의 자자한 칭찬처럼
언제까지나 신용을 굳건히 지키게나.

54

행복은 과연 어떤 모양일까?
속임수를 쓰는 듯해서 멀게 느껴졌던
지난날들을 돌이켜보니
모든 것이 축복이었음을 실감한다.

믿음 안에서 꿈을 키우는 너는 알리
사랑을 입은 자는
음침한 골짜기를 다닐지라도
어깨 폭 사이의 보호 안에서
장애물에 걸려 넘어지지 않고
안전한 자유를 누린다는 것을

아! 나의 시말에서
영혼의 교류를 나누고 싶은 그대
칠년 만에 보는군.
 "절름발이 흉내!" 말 떨어지기 무섭게
다리를 절룩이는 연극에 맞춘 노래와 춤으로
관중들의 기립박수를 이끌어냈던 그대는
내가 소분하기에는 과분한 측면이 없지 않아 있지.
갖추지 못하여 내게 없는 재량에 비해
그대의 재덕의 가치는 여전히 높아
시효 만료가 있을 성 싶지 않구려.

55

주제를 담은 이미지 없는 깃발의
혼돈과 무질서가 땅을 밟는다.
그렇다고 기쁨이 말린
사막지대는 아니다.
나는 동쪽에서 돌아다녔다
남향에서 배회하는 햇살 장소
강변 뒤로 물러나왔다.

성난 바람이 늘어선 나무들을 괴롭힌다.
이리저리 휘어지며 굽어지는 가지들
간극을 둔 해시계 햇살에
뽑히지 않으려 버티고 또 버틴다.

야외무대
포식한 배를 두들기며
객석에 앉은 사람 앞으로
검은 턱시도 입은 세 명의 악 기사
쏟아지는 조명무대를 달빛 삼아
진종일 태양을 받지 못해
기분이 누리끼리 흐려
갈대처럼 흔들리는 그 중 몇몇 관중들에
꿈속의 연주를 들려준다.

56

공간을 넘어
시간을 넘어 온 기회의 땅이
어쩌다 불평등의 땅이 된 걸까
한때 우월이 푸르싱싱 높았던
경험의 자유지대가
창조의 능력을 상실하고
가짜 망상을 좇는
불안정한 혼돈에 빠져든 현대 문명
기억을 잃은 노인네
눈물 차오른 눈으로
산인지 강인지를 헤매누나.

변방의 존재는
지금의 괴로운 심정을 잊고 싶어 한다.
가장 달콤한 성공은
극도의 갈증에서 성취되나
감당이 힘든 자신의 심장은
그 하나로 조합할 수 없어
어서 이 밤이 지나기를 바란다.

57

고통을 동기로 삼고
나쁜 운도 처신에 맞게 고쳐 입은
자신감 기세 여전히 살아 숨 쉬는 몸집
그 받침에서 사람 좋은 분위기 풍기는 노신사
세월에 얽은 풍상 멋지다.
각광과는 거리가 머나
나이 내음에 품성이 있다.
꿋꿋한 인격이 받쳐준 건강한 체력
얼마나 보기 좋게 절제한지
은총을 입어 한창 잘 나갔던 삶이라도
속내를 드러내지 않아서 그렇지
여정에서 찢긴 아픔에 무릎을 꿇었던
피폐 삶 겪지 않은 사람 누구랴.
살아온 지난날들의 투쟁 삶 거칠했고
그 과정에서 세속의 온갖 풍파에 시달린
쓰디쓴 추억 당연히 있을 터이지만
서릿발 감춘 염색머리에
경륜 쌓은 지혜와 지식으로
황혼을 빛내는 모래톱 이마주름
사는 게 힘들 때 곧잘 그랬듯이
등정한 산 위에서 이젠 자정의 목청 가다듬고
색소폰 부는 옛날 그 모습의 신바람
시간 치 은빛 억새 가을정취에 물들어 가누나.

58

인생은 한 세상 태어나
각기 제 자리를 잡아 성장을 거듭하고
갈대도 제 자리에서
가는 몸매 흔들어 존재 알리건만
혼돈에 빠진 세상 나 따위 알아주지 않으니
내 어찌 사람들을 편히 바라보리오.
상심을 넘은 아픈 눈 서럽게 울며
깊은 한숨 쉬는구나.

짐이 무거워 바퀴가 고랑 물에 빠진
고급 승용차 아니 움직이고
까만 무늬 어둠에 묻히면
존재자체 아예 볼 수 없이
갈팡질팡 어질어질
도대체 정신머리 어디에 둬야 할지.

인류가 땅을 지배하게 된 이후부터
뜻이 올곧은 사람 속에
남을 해치는 불량자 뒤섞여 있었지만
사람들 간에 감정 골 극에 달한 오늘날
사랑과 정의가 사라진 세상

만물이 무릇 익는 초여름 초목
속을 들여다 볼 수 없이 우거졌구나.
원한과 분노 공기 맑은 자연에 묻으니

마음을 억눌러 스스로 참고 견딘
서러움도 가라앉아 평안이 깃 들었구나.
번거로움 사라지니 빈 하늘 한가롭고
젊은 시절에 제대로 놀지 못했으니
제대로 볼 수 있었던 사물은 언덕과 산이었다.
올가미에 잘못 걸려 내처 40년이 흘렀다.

59

길을 나서자 높은 하늘의 구름이 따른다.
때로는 늦더위 해 가려주며
땀 흘리는 신체 지치지 않도록 돕는다.

사면 경치를 둘러보는
느린 걸음 앞서가는 구름
산봉우리에 걸터앉아
계절 익어가는 들녘 굽어본다.

더위기세 흩날리는 서늘한 바람
확연하게 달라진 공기를 흡수하고 있다.
불볕에 덴 붉은 몸체로 돌이놀이 즐기는 잠자리
마당에 널린 고추에 빨강색 입히고
풀숲 어디선가에서 들려오는 풀벌레소리
갈색으로 말라가는 옥수숫대수염 그림자
서녘 반대 동편으로 드리었고
시달린 모진 땡볕에서도 살아남은
감나무 이파리 까칠하게 생동하다.

60

추수 끝난 가을 들녘
노곤에 눈 뜨기 힘든 휴일 아침
기분 좋게 하는 청명 기운에 힘입어
창밖을 열어 잠을 날린다.
서리 내린 찬기 내쉬는 정원 숲
보이지 않게 나뭇가지에 앉은 바람
단풍에 물든 통통한 블루베리
혹, 바람 신경 건드릴세라
누군가가 오솔길 덮는 낙엽 밟는 소리를
움직임 없는 조용한 귀로 듣는다.
신심 깊은 할미는 기도 올리고-

선보다 너 기상 높은 또 다른 하늘
봉합이 안 되는 나의 외로운 처지를
어루만져 달래는 햇살 조각
창의 정신 높여주는 꿈결 바람
한 점의 흠 없이 순수한 영혼
널 만난 이 아침 무슨 소원을 바랄꼬.
오늘은 어디서 뭘 할까 고민할 필요 없이
너와 손잡고 있는 이 시간
틈을 메우는 행복으로 가득 찼구나.

감상에 취한 여자의 긴 치맛자락에
낙엽 쓸리는 해질 무렵
하나둘 전등 밝히는 도심

아, 달이여, 유성이여!
아주 먼 곳에 있구나.
잠시라도 눈을 감으면
아름다운 천계 멀어지지 않을는지
내 삶 안에 나의 삶
미움도 내 안에 감정
사랑도 내 안에 감정
별천지 다음에 내가 보인다.

61

방향키 돛대 찢어발기고 말 듯이
모질게 괴롭히는 세찬 해풍
항해하는 배 출렁출렁 떠 민다.
염도 머금은 공기
위엄 자랑하는 아우성 물결
솟아오른 기암 벽 들이박는
잔재주 부리며 물러났다
다시금 높은 물살로 덤벼드는 거센 파도.
이번엔 밀물로 해변바위 몰아치니
갯바위 낚시꾼 도리 없이
낚싯대 접고 위로 피한다.

해가 뉘엿뉘엿 저무는 서녘
밀치락달치락 오랫동안 입질이 없다.
입이 크게 벌어지는 하품 김에
상체 펴 가벼운 운동을 하는 데
사람보다 솜씨 좋은 갈매기
풍덩 뛰어든 수중에서
단번에 낚아 챈 먹잇감 물고
물안개 속으로 사라져가는 데
그때까지 산채로 몸부림치는 비늘고기
한 번도 구경한 적 없는 낯선 뭍에서
갈매기식구들 불러 모은다.

62

밤을 뒹구는 낙엽
누가 보낸 선물일까
마당을 한가득 채운
청명한 가을 달 차구나.
시린 손 호호 녹이는 허연 입김
은빛 누운 호젓한 초목언덕
한 잎 두 잎 낙송하는
나뭇가지 단풍마다
짙붉은 색깔 곱구나.
옅은 안개 서리로 내리고
옷깃 여미게 하는
뼛속 깊은 서늘한 공기
어둠에 잠든 베란다 밖
가장 밑가지 여린 새순
저 홀로 바람도 없는 데
살랑살랑 떠는 안쓰리움 화분식물

흠결 없이 아름답게 고결한 자연풍경
고요한 침묵으로 내 안에 들어오네.
인간으로서는 감히 오를 수 없는
높고도 높은 가을의 신선이
나를 감싸 품네.
새벽이 언제 올지 몰라
창이란 창 다 열고 기다리네.

63

왜 나보다 저열한 사람이
왜 나보다 하위의 눈들이
왜 나보다 하질인 저들은
내 권위의 창안을
밀탐密探의 눈질로 악이라 혹평하는지
참으로 유황불에 뜨거운 지옥에나 떨어질
버러지 허가 아닐 수 없도다.
그들의 정직하지 못한 비뚤어진 행태로 미뤄
저들은 뭔가 숨기는 음탕한 자들임이 틀림없으리.
칭찬의 좋은 면도 나쁘게만 보는 저들은
응원의 박수를 보내는 힘의 격려보다
험담으로 무너트리려는 저들에게서는
안타깝게도 마음 씀씀이 바른 자 볼 수 없도다.
성품이 곧은 사람도 악인이라 몰아붙이니
저들 앞에서는 예수 같은 구세주도
자비 높으신 공덕의 부처님도
미물로 보이는 모양이구려.

결빙기 얼음판에서
썰매와 스케이트를 타는 동심아이들
닭살 핀 얼굴에서 콧물 흘리는 아이들
시간 잃은 재미에서 허기를 느낀 아이들
얼음판을 벗어나 각자 집으로 돌아간다.
그저 얼굴만 아는 사이 아닌
뿌리부터 깊이 다져둔 우정은

형제의 피보다 진하다 하나
땅이 풀리는 해빙기에
살얼음 물에 빠질 위험 크듯
경계를 허문 기분에서 새어 내는
대수롭지 않다 싶은 한마디가
때로는 우정에 금을 내는 독이 될 수 있나니
조심할 인ㅅ은 허물없이 지낸다고 할 때
혀를 다스려 타인 가슴에 못을 박는
상해를 입히지 말아야 하리.

자주 만나면 가까워지나
그의 모든 관계 다 좋을 수 없는 법
그 사이에는 칼로 물 베기 같은
음양의 다툼을 배태하고 있노니
일시의 부유물에 지나지 않는 피조물 세상에
변치 않는 불변 어디 있으랴.
불안의 흔들림은 구심점을 잃은 것
바위에 미끄러져 다치는 실수는
비에 젖은 때문만은 아니리.
바람만이 솔가지를 휘게 하는 것이 아니라
추석 송편 재료 마련하는 노파의 손길에서도
솔가지는 휘어지노니
이것이 우리의 현실 삶이라 할지라도
오감의 미각을 분별하는 연한 혀에는
차별 둔 판단의 편 가르는
성질을 안고 있느니라.

64

과연 높기도 한
해발 1450미터 발왕산
자욱한 안개에 둘러싸여
사물 풍경 희미하나
이슬비 뿌려지는 사이사이로
사물형체 볼 수 있으니
그나마 위안이 되기는 하다.
기대 둔 풍경 볼 수 없으면
한 장소 내 살 내음
더더욱 크게 맡아지는 법
낯선 인파들에 섞여
그나마 볼 수 있을
추억담 구경거리 쫓을
일행동심 잃을세라
전화기 열어 누구누구 소재를 찾는
향촌 높은 백발 어르신들
층위와 무관하게
서로 아끼며 챙기는 단순한 우정
어디 비할 바 없이 살 깊게 값지다.
이름을 부른 초등 동창에게 앞을 물려주며
먼저 사진을 찍게 하는 의자의 안전 독보
기쁨의 도움 없이는 생성은 불가능
풀뿌리부터 성정을 쌓은 어깨동무 친구들
잊을 수 없는 소중성 알게 한다.

65

아무 일 않고 편안하게 누운 채로
먼 산만 바라보며 있을지라도
자신이 주인공일 수 없는
남의 놀이나 쫓아다니며 산다할지라도
흐르는 시간은 한시도 멈추지 않고
그대의 인생나이 채워가리.

나의 삶을 이끄는 나의 시간
그 세계가 나의 기준에 맞지 않다며
분투의 비명을 내지르면서도
원동을 깨워 체력을 북돋는다.
무릎지라도 나의 의향이 가리키는 대로
쓰디쓴 실패의 눈물을 삼키는 복판에서도
두개골이 미지근하게 식어 내릴지라도
인식 변화의 의기를 앞세운 페달을
멈춰 세우지 않고 달리는 사력
그런 사람은 결승도달에
목이 말라있는 인물이다.

모든 땀방울은 체내 열정
일상의 작은 다짐에서
나의 가장 귀한 위안은
희생의 고통이 따를지라도
나의 나로써 오늘을 사는 것
세상에 거저 얻어지는 건 아무것도 없고,

삿대를 갖추지 못한 배는 표류할 수밖에
물고기 잡는 활기가 낭만 해 보인다면
그대도 낚싯대 준비하여 발을 물에 담가야 하리.

66

때는 사물그림자 짧은 정오
호수를 굽어보는 언덕 위
양지바른 하얀 집 계수나무
바람에 쓸리고 열매 떨어지는 소리에 놀라
산책로로 날아든 비둘기 한 마리
생기 마른 낙엽 한 잎 물고 있다.

안경 없이는 아무것도 볼 수 없는 노학자
코끝에 걸린 안경 추켜올리며
뇌리에 익은 구르륵~ 소리 귀에 담는다.
고요히 얼어붙은 듯이 무념 상태인 노인은
아무것과도 겨루지 않고
피아니스트에 무대 무용수이기도 한
딸의 맑아 이야기를 밀회로 듣다
신체가 너무 작아 일부러 돌아보지 않으면
존재를 잊을 수밖에 없는
까딱까딱 고개 짓으로 뒤쫓는
비둘기에게도 관심을 기우리며
또 다른 산책 동무 가을의 숨결
자유의 서풍을 온몸으로 맞는다.

기온 내려가는 쌀쌀한 해살이 내리쬐는 들녘
가녀린 몸매 바랭이풀이 무더기로 털어내는
작은 알갱이 씨앗을 품앗이로 받는 흙냄새
안개호수 습기에 기세는 차나

자연이 들려주는 평화의 속삭임에
사유의 애증을 만끽하는 노인

67

좋은 면만을 기대하고 길을 나섰는데
웬걸, 깊은 오밤중처럼
아무것도 볼 수 없구나.
돌변으로 몰아친 세찬 비
처마로 물러나 몸을 움츠리나
지표에서 날뛰며 튕기는 빗줄기
신발부터 바짓가랑이까지 적신다.

먹구름 하늘만 쳐다보며
오도 가도 못하게 된 측은 모습
처량하기 그지없다.
그 속에서도 저장해둔 신앙의 답습으로
사람과 사람을 잇는 믿음의 서광을 그리며
야곱의 사다리를 타고 오르는
성스러운 간원을 멈추지 않는 그 누구
평소 보상 없는 얼마간의 사랑에도
감사로 화답했던 그 누구
숱한 사랑을 받았는데도
탐탁지 않다는 불만을 혀에 물고 있는
그저 연명에 불과한 불량자보다
하늘 구원에 더 가까운 그 누구

68

고동치는 심장
늦은 계절에 시선을 두고 있다.
남은 몇 잎의 누런 이파리
비 내린 뒤 차진 기후에
오들오들 떨며
외가지에 매달려있다.

일찍 저무는 해거름 대지
매우 소란하다.
바깥놀이 즐겼던 아이들
깡충깡충 발로 집으로 돌아가고
공중 새들의 재잘재잘 안내 받으며
성한 곳 없이 찢기고 갈린
수분 마른 거친 손길로 거둔
곡물 들여 놓은 곳간 문 닫는 농부의 삶으로
땅거미 깃든 대지 생기가 넘쳐흐른다.

북풍 타고 마당에 날아든
우수수 뒷산낙엽
안주인 낙엽더미 밀어내고
저희끼리 원 그리는 놀이 즐기다
한 구석에 뭉쳐 모인 뒷산낙엽더미
저희끼리 자장가 불러주며 잠결에 든다.

69

자신을 굳건하게 세우는 주관 없이
주술의 점괘만을 좇는다면
그대 운명은
적당히 눈에 띄기만 하면 되는
종잇장에 지나지 않으리.
수심이 낮으면 수온 변화
빨리 감지할 수 있으나
참고 견디는 인내 길이 짧고
수심이 너무 깊으면
정신 둔화로
수온 변화 알아차리기 쉽지 않으리.

어차피 뭘 해도 운이 안 따라 준다며
자괴감에 떠는 자여,
겨울추위 오기 전에 미리 뿌리를 내려
봄이 왔을 때 곧바로 성장에 임하는
신갈나무 도토리에게서 배워야 하리.
경험은 현실의 지평을 넓혀주나니
지금 내 주변에 없는 것을 보는 안목
항상 열려있으면서도 항상 닫혀있는
기회가 올 만한 자리를 잡는 행운은
다년 간 실전의 현장에서 쌓아올린 땀의 수련
나의 나다운 생명의 가치는
그 안에 있느니라.

70

이렇다 할 일 없이 넘어가는
고즈넉한 초겨울 밤 문턱
어둠과 하나 된 그 사람
회상의 뉘우침 안고
대체 어디로 사라진 걸까.

주의를 기울여주는 사람들 말고는
아무도 필요하지 않다는 비관론자
개개인은 그렇게 남몰래
서로의 연을 갈라놓고
혼자 남은 눈물을 흘린다.
무슨 영문으로 해어지게 된
연인의 모래 위 발자취 지우는
바다 민물

당시에는 쓸 일이 없어
어딘가에 뒀을 어떤 물건
찬 공기 함께 모과차 마시며
아무리 기억을 더듬어도
갈퀴로 마른 잎 쓸어 모아도
잊은 지 오래인 그편으로는
신경이 닿지 않고 헤맨다.
유한의 한도 안에서만
생명으로써 살아가는 피조물의 운명은
이토록 망각이 극하도다.

71

기쁨 속에 기쁨
그 이름은 시와 아우른 음악이로다.

머리 정중앙 가르마에
윤기 흘리는 넓은 이마
그 아래 상현달 모양의 두 눈썹
맑은 검은 눈매
햇살에 드리어진 코 그림자
이를 떠받든 인중 골짝
그 아래 꾹 다문 두 입술
구릿빛 옅은 피부에 입혀진
여린 턱 곡선
미인상은 아니나
그렇다고 밉상도 아닌 그녀
자작시에 곡조 붙여
피아노 치며 노래 부르는 그녀
관중석 어떤 구레나룻 사나이
묘음妙音에 매료되어
자신 안에 기분 나쁜 얼룩 드린 흉물
증류로 날려 보내
수액樹液 머금은 기쁨 찾았구나.

72

강바람이 녹슬어 열기 힘들었던
내 마음의 문을 활짝 열어젖혔다.
모처럼 맞아보는 도취의 행복
자유? 그렇다.
나는 누구의 방해도 받지 않는
자유를 그리워하고 있다.
꿈의 자유를 일깨워준 결정적 대상은
내 속에 들어앉은 미혼의 남성이다.
초면의 사람과
흠결 없는 일맥상통은 쉬운 일이 아니다.
그의 영혼과 마음을 사랑하게 된 것 같다.
그의 머릿속에는 놀라운 지식과 지혜와
미래세상을 향한 뜨거운 열정이
살아 숨 쉬며 있다.
내 비는 간절한 소망은
그대의 미래가 활짝 열리는 형통의 축복

73

남을 해칠 힘을 지니고 있음에도
그 힘을 함부로 쓰지 않고
다른 사람들에 감동을 끼치는 그는
자연의 부를 절약해 쓰는 사람.
잠재력을 깨우며 현실을 펼치는
그대 가슴은 소중하여라.
독서로 세상을 보는 안목을 넓히고
누구를 사모하는 애정이 깃들어있고
기억에 남은 그리운 누군가를 불러내
아름다웠던 옛 시절 이야기로
인생살이 고달픈 수분 마른 삶에
기운을 되찾은 그대 가슴
생명보다 값진 거 무엇이랴.

기쁨은 활력을 부풀게 하는 최고의 미덕
피어나는 향기 속에서
헐뜯는 비방을 찬미로 듣는 그대
모든 사물을 화해의 눈으로 보고
그곳에선 허물도 미의 베일에 감싸이고
과오도 진실로 승화하는 그대의 넓은 가슴
악평에도 축복이 깃들어있는
그대 가슴은 소중하여라.
토끼풀꽃으로 반지 만들어
소녀의 손가락에 끼워
그 소녀로 하여금 미소를 짓게 하는
그대야말로 진정 성인이 아닐는지.

74

사랑의 열병은 머리 돌게 하고
파멸을 불러들이는 악은
어디에서나 마주칠 수 있고
그렇게 세상 도처에서 일어나는 일들에
아무것도 모른다는 시침 떼기로
날카로운 결의를 둔하게 하는 세월
자발적으로 끌어올릴 수 없게 된
그런데 쓸모가 생겼는데도
그 대상물 따윈 아예 없는 듯
찾을 길 망연하도다.
과연 이대로 미래를 여는
기념비 세울 수 있을는지-

온갖 생물들이 숨 쉬고 있음을 보노라.
훗날 더 밝게 빛나리라 믿는다.
울림은 항상 나를 깨운다.
그 어떤 생명체 소리기 때문이다.
나는 메마른 겨울 초야에 생기를 불어넣는
물소리, 새소리를 듣고 있다.
빛 소리도 만지는 듯이
손아귀에 쥐고 있다.
이 자연의 풍경 시어詩語로 살려내
누군가와 함께 나눈다.

75

고요한 겨울 오후
비스듬히 비추는 빛
아직도 자라고 있는 것
더 자라게 하려고
시인은 오늘도
항상 현재인 숨을 쉬고 있다.
졸음에 눈꺼풀이 절로 가라앉자
그 불꽃 꺼지지 않도록
다시금 독려로 북돋는다.

사라질 수가 없다.
펜을 놓을 수가 없다.
그럼에도 아이들의 신성한 놀이
즉, 팽이치기, 썰매타기, 술래잡기를
곧잘 놓치는 순환을 반복한다.

시간은 구원, 구원은 시간
날개 단 추운바람
빈 나뭇가지 흔들어
하나 남은
까치가 먹다 만 감 열매 떨어트린다.

기나긴 겨울밤
우리는 꿈을 꾼다.
그 꿈에서 깨어나면 우리는
지금까지 그래왔던 것처럼
삶을 지키는 일을 해야 한다.

76

해야, 해야 솟아라.
높이, 높이 솟아라.
태고부터 한결 같은 넉넉한 품앗이로
대지에 생명을 불어넣어
축복의 번영을 이루게 한 해야
온 만방에 두루 퍼져라.
음침한 골짝에서 맴도는 안개
말간 햇살에 살라졌구나.
고된 일에는 강한 힘이 요구되듯이
고깃배에서 막 풀린 물고기 떼 다듬다
여자의 일생 노래로
동료들의 피로를 풀어주는 아낙네

빛을 발하는 해
온 식구 한 상에 둘러앉아
정답게 음식을 나누는
우리 정상에 떴구나.
들 건너 강 건너 온 누리에 밝구나.
지금 우리네 둘레에는
힘찬 태양이 펼쳐져있도다.
닭이 모이 쪼는 한가한 농촌마을에도
과수원을 홀로 지키고 있는 농막에도
곧 저물 한 조각의 빛으로
추운 몸을 녹이는 비둘기도
바다에 에워싸인 무인도에도
평안을 반사하는 하늘 빛 누리며
세월의 의미를 되새기는구나.

비록, 빛 바란 자취를 남긴 지난날들에
크나큰 만족은 얻지 못했을지라도
슬퍼하는 눈물을 보여선 아니 되리.
쓸모없는 허물은 향기 고운 꽃밭을 거닐면서 과거에 묻고
늙음이 지금의 사람을 멸할 때까지

목표를 향해 멈추지 않는 그대의 굳은 신념
살아있는 정열은 내일의 희망
인간 세상이 알고 있는 목가 여라.

77

사물은 뿌리를 내릴 시공간이 있어야
비로소 저의 존재를 알리는 보루를 맞나니.
흰 눈 쌓인 엄동설한 복판에서
정열 넘치는 붉은 꽃 피운 동백나무
종자 다른 수목들과 어우러진
새들이 우짖는 산림에 둘러싸여 있구나.
그 속에서 마른 목축이게 하는 계곡물
낮은 아래로 흐르며 바다에 이르누나.

우리 인류의 관습에서는
잡초는 잡초, 화초는 화초대로
분리하여 뽑고 가꾸는 일의 반복이어라.
어찌 보면 이런 일들이
실상의 지혜와 거리 먼
손가락 사이로 흘리는 시간이겠으나
그 안에는 필요한 인재를 가리는
선별이 간주되어 있음을 상기하자.

부모 슬하에서 태어나는 것이 명命이라면
항상 움직여야 하는 운運은 성장이어라.
그대가 어디로부터 왔든
자신의 주체인 본질을 잃지 말지니
이 철칙이 그대 자신을 지키는 귀금이리.

기교의 경외에 지나지 않는 거짓(이단)인들이
악을 쓰고 날뛰는 지저분한 인간성 자본이
세상을 지배하려 드는 세태
신의를 저버린, 돼먹지 못한
잡동사니들의 놀이터가 되었으니
그들의 온갖 간책奸策에도 겁내지 않고
자신을 초연하게 지키는 의인들이
드넓은 들판을 보호하고 있음을
혼불을 켠 시인은 보고 있노라.

78

가난하여 가진 게 아무것도 없다한들
쏟아지는 빗속을 맨발로 걷는다한들
풀죽은 내 목소리가 흙에 묻힌다한들
그럴지라도 값비싼 눈물을 흘려선 아니 되리.
동트는 미명이면 회색안개 사라지리.

불붙어 눈 매운 연기가 흐늘거리는 옷섶 부여잡고
어디로부터 밀어 닥친 불확실성 떨치려
외적인 미 규정만을 좇는다는 것은
불행 그 자체일 수밖에-

그렇다면 시간은 나에게 무엇을 해주었길래
좀처럼 풀리지 않는다 싶었던
속임수 괴로움을 해결해 준걸까
그 답은 시간을 걸어온 나로부터 나왔다.

미래의 자신을, 많은 나이를 한탄하는
기 한번 못 쓰고 큰소리치지 못 하는 비실로
시간을 보내는 뒷집늙은이에
초점을 맞춰두지 않고
늘지 않는 기술이 손에 잡히도록 까지
이를 악 문 연습-실습을 거듭한 끝에
마침내 기나 길게 끝이 보이지 않던
춥고 어두운 동굴 속을 탈출할 수 있었다.

부침이 워낙 극심했던 그 시절에는
정말 당장의 먹을거리만을 좇았었다.
바로 곁에 녹슨 삽이 있었는데 볼 수 없었고
집을 짓는 재료의 흙을 날라야 할 터인데
그걸 한 곳에 담아 옮길 자루를 얻지 못해
유한의 시간을 허비하기도 했었다.

좌절의 다른 이름은 비상

타자로 살지 말자는 결기가 중요하다.
나에 나로써 어떻게 지내야 할까
그 해답은 자신의 함성에서 나온다.
함성은 일어서게 하는 씩씩한 용기이니-

79

누군가의 눈이 숨어서
나를 지켜보며있다.
대략 누구인지 알기에
반기면서도 모른 척 외면한다.

추위에 움츠린 흙먼지 일으키는 돌개바람
빛바랜 세월 저편 옛 교회 터를 지나치니
당시 열아홉 처녀
그 교회 목사 딸이 새삼 그립다.

그날은 바늘귀 더듬는
까치설날인 섣달그믐
헐벗은 산허리 옅게 감은 가벼운 구름
그녀와 나는 싸락눈 덮인 강변길을 걸으며
눈도 귀도 뒤편으로 내던지고
서로의 추위를 덜어주는
옷섶을 여미어주는 속삭임을 나눴다.

따스하게 붙안았던 그 사랑
그 숨결의 부드러운 감미
그때 처음 알았다.
강풍이 바닷물을 휩쓸어버린다 해도
작렬의 태양에 바윗돌이 녹아내린다 해도
우리의 사랑은 결코 변치 않을 거라 믿었다.
한데 그 약속
해외유학을 마치고 돌아온 그녀
가문 좋은 집안의 며느리로 들어갔다.
한 곳 트일 데 없는
서러움의 설명을 뒤로 한 채-

80

언제부터 이토록 작아졌는가.
언제부터 코흘리개 어린아이로 돌아가
어리석은 미숙을
어리석은 미숙이라 하지 않고
밥술을 스스로 뜨지 못 하는
어린아이로 돌아갔는가.
아낙이 떠받드는 아양과 웃음에
그저 해해거리며
무릎으로 기어 숨을 뿐
그대 존재 눈에 띠지 않는구나.

그대가 늘 다녀 훤한 집골목
늘 오르내려 낯익었을 돌층계
그 층계참, 새파랗게 젊은 한때
눈 내리는 차가운 어느 날 밤
가로등불빛 아래에서
남 볼세라 낯붉히며
애인과 포옹을 나눴던
바로 그 틈서리에 자리 잡은
지금은 새하얀 눈에 덮인
동면에 묻힌 풀숲
여우볕에 깨어날 그때나
그대 존재 크게 볼 수 있을지-

81

사는 동네에서 대기업명이 붙은
서울-경기도 시계 점 다리 하나만 건너면
바로 접해지는 하천 변 서쪽 방향
그 흙 길 가녘에서 산 동백나무라 불리는
연두색 꽃잎을 갓 피어낸 생강나무 한 그루
파란 낯빛으로 간간이 웃는 오랑캐꽃과
동토凍土를 푸는 온화한 봄볕을 쬐고 있다.
차량통행이 제법 많은 대로를 인접에 둔 일대는
가건물 비닐농장과 컨테이너 보관창고로 나뉜
마른 풀 더미에 온통 가려진 시골변두리
그 너머로 이웃 집 간
소음이 들릴 정도로 엷은 화판 벽으로
다닥다닥 잇대어 붙은 판자촌 수십 채
엷은 천이 곧 출입문인 집
폐타이어 돌덩이가 지붕위에 얹어져있는 집
가꾸어진 정양이 없어 지름신과는 거리가 멀어
누군가를 만나러왔다
실망의 쓴 약을 머금고 돌아갈 낙후지대
그 안에 나와 초등학교 동문인
기형도시인의 생가 터가 있다.
지금은 기형도시인과 피 한 방울 섞이지 않은
다른 사람들이 그 옛집에 살고 있다.

82

말하지 말자
천길 벼랑에 매달려
어스름 황혼녘 기다렸다
몸을 떠는 꽃샘이 흩뿌린 밤이슬을 머금은
굵은 목덜미로 자태를 열어
일어서는 자만이
이 땅의 주인이라 외치는 소리를
오감으로 새겨듣자.

말하지 말자
날자. 더 높이 날자.
산 너머 강 건너 이웃 마을까지
한 눈에 들어온다.
발아래 온 세상 검은 한 점
여러 종류의 잡목이 한데 모인 숲
뿌리의 그루로 자라가는 한 나무
삐딱하게 뻗어낸 몸통 자세
땅에 가까워 도태되고 마는 풍경에
눈을 감자.

더 멀리 더 널리
새순이 파릇파릇 돋는 봄철 냇물 가
부드러운 가는 눈발 흩날리는
축 늘어진 버들가지
살랑살랑 흔드는 한기 맞으며

들놀이로 벌겋게 단 볼을 식히는
꽃나이 처녀들
잔 흙 묻은 신발과 양말 벗은 다리 목 씻으며
솔가지 사이로 얼굴을 곧 내밀
환영의 보름달빛 기다린다.

83

살갖이 하얀지 않으면서
머리털은 검은 젊은 여성
열대야 식물처럼 콧대 높게 정열이 뜨겁다.
그 쾌활한 입술에서
안녕, 안녕 인사하는 밝은 표정
실은 사고로 한 팔을 잃은 장애를 숨기는 수단이다.
이 신체장애로 그녀는 살을 태우는 무더위에도
반팔 옷을 입지를 못 한다.
사람들의 가르는 놀림에
귓불 온도가 높아지는 두려움 때문이다.
그래서 그녀는 상냥함을 가장하여
사람들에 먼저 좋은 아침입니다
인사하는 습성을 지니게 되었다.

상황이나 형편이 좋지 않더라도
오늘도 주어진 시간 안에서
가파른 언덕길을 오르는 힘찬 발자취
땅위 살아있는 모든 것들로부터
환호와 갈채를 받으며
하늘 높이 훨훨 나는 높은 기상
기쁨이 웃음으로 웃음이 슬픔으로 가라앉는
자칫 핏기 없는 그리움에 축 처진
대갈받이를 하지 않는 이상 미련은 떨쳐지리.
그것들에 눈을 감으면
높이 나는 두 날개 균형 잡히리.

84

주면 먹고 던지면 입고
밟히면 밟히고 자르면 잘리고
끌면 끌려가고 밀면 밀려나곤 했던
옆 눈질 곁 눈질
사람 아닌 개 취급에
옷고름 움켜쥐며 찬 잠잤던 옛 시절
허허한 공중에서 제비 질하고
거칠게 세찬 강물세례 맞으며
객지에서 떠돈 세월의 주름이 얽은
나의 이 얘기 강 건너 먼발치에서
명료하지 않은 눈귀로 듣고 보낸 답변이
고작 다 옛 싸움 미덕의 용서로 잊자 라니-
목줄 달린 전투를 벌였던 나에 대한 격려치고
비위 따위나 맞춘 속빈 체면치레 인사

이 억센 주먹 어디에 써야 정당할까
잠이 덜 깨 가누지 못 하는 정신머리
쥐어박으며 밖으로 쫓아내는 데 쓸까

85

세상은 사는 것
이렇게도 저렇게도 사는 것
너그러운 태도로
너와 내가 따로 없고
내 것 네 것 따로 없이
우리는 다 하나라 말들 하는 그 뒤편으로
야욕에 한껏 달아오른 막무가내 쪽발이
하늘 높이 쳐든 몽둥이 닦달로
너와 나를 가르며 내쫓는 세상 입
남녀노소 할 것 없이 피죽으로 배를 채운
그 속 쓰린 신음을 새어내는 비명 들으며
강가 갈대밭에 우르르 숨는 물오리 떼

세상은 사는 것
이렇게도 저렇게도 사는 것
주인 따라 실컸다 조리돌림 당한 망니니
서방 빈자리 베개를 끌어안고
한 밤을 지새우는 속곳 아낙
숫처녀 앞섶 연 온기로 동생을 품는다한들
아무데서나 아무한데나 덤벼드는 돌림바람
말하는 사람 입 틀어막고 있는 듯 없는 듯
침묵을 강제하는 세상살이 만만치 않구나.
그럼에도 가는 호흡을 내쉬며
오늘을 살아가는 수많은 선량인들

세상은 사는 것
이렇게도 저렇게도 사는 것
열어라. 열리리라.
천 가지 복 들어오는구나.
수령 오래인 큰 보호수 덕에
누구네 집 살판이 났구나.
복 들어오는 문, 돈 들어오는 문
이아침 활짝 열어 맞으라.

손이 발이 되도록 하늘에 빈 소원
이제야 비로소 내 세상 맞았구나.

온 동네에 잔치노래 울긋불긋 불려 지니
서로의 등을 두들기며 살자는 기운이 솟고
어른들의 까막눈 깨워
광을 열어 인심을 베풀 게 하고
부뚜막에서 엉덩이 비비며
봄맞이 감자 씨 고르며 콩을 볶는 아낙도
아지랑이 나른 피는 복사꽃 밖으로 불러내
새순 돋은 보리밭을 오리발로 밟게 하는
색동저고리 남녀화동들
잘록한 허리 신나게 흔드는 아가씨
중천 해도 사람들 세계로 내려와
덩실덩실 춤을 추누나.

무엇이 고맙고 무엇이 은덕이던가.
몽둥이를 들어 손에 피를 묻히는
남의 것을 빼앗고 훔치며 가로채는 예 없이
조상에게 풋과일로 예를 갖춘 제사 올리고
얼에 잠긴 사람을 일으켜 세워주는 것이
하늘이 기뻐할 화합이 아니던가.
생김 잘난 인물은 저 잘난 대로 뽐내게 하고
빌 사람은 용서를 내릴 그 사람에게 빌게 하고
울 사람은 진정이 이를 때까지 목청껏 울게 하고
뉘우칠 사람은 뉘우쳐 다시는 못된 짓 멈추게 하는
졸참나무 가지에서 우짖는 새소리 들으며
쟁기로 묵은 땅 갈아엎어 밭을 내게 하는 것이
동네를 살찌우는 협력이 아니던가.

달을 뒤쳐져 좇는다 해도
올해도 풍년 들기 글렀다는 헛기침보다
용기를 북돋아주는 것이 인지상정의 도리

87

서녘 놀 등진 고즈넉한 야외 콘서트에서
성악가들의 고음 높은 가곡을 들으며
그대와 함께 어깨를 기댄 시간이 그리워
나 홀로 붉게 물든 석양을 바라본다.
후회투성인 나의 이야기 귀담아 들어준
내 입술에 꿀 꿈을 담아줬던
내 마음에 빛이 되어준
저 너머 어딘 가에도 바람의 숨결이 닿는 곳
곡식 여물 게 하는 해살이 내리 쬐는 그곳
그 잃어버린 신선한 향수가 애달프게 그립구나.
작은 소나무 숲속을 속삭이며 걸었던
오늘도 그대만 생각하며
너무 멀어진 그대를 생각하며
나는 사랑의 그 추억을 기억 속에서 그린다.

88

일기 찬 새벽
지상에서 머나먼 하늘에 남은 별
포착하여 무는 얼음장 아래 물고기
이 짧은 한 순간의 장난이
물고기로서는 삶을 가득 채우는
직접적인 희락의 놀이
현재에 현재를 충족적으로 잇는
해방의 시간

물고기도 여느 생물과 마찬가지로
늘 생명의 위협을 경계하는 긴장감이 있다.
생명을 집어삼킬 적이 나타나면
수풀 또는 바위 틈새로 재빨리 몸을 숨긴다.
숨을 죽인 이때면 물고기 시간은
압축적으로 멈춰진다.
그 외 시간은 앞도 뒤도 천국이다.

누구를 탓하랴.
이루지 못한 일 어쩌랴.
뜻을 심을 그 어딘가 토양에 안착한다면
생존을 여는 건 기후가 해야 할일
뿌리가 깊어 짓밟혀도 쉬 죽지 않는 민들레
바람에 실어 보낸 홀씨 땅에 묻어
들은 더더욱 푸르고
시내는 저리도 반짝거리는데-

89

이미 완전체 무엇으로 더 채울 수 있으리오.
이미 다 자랐는데, 더 자랄 수 있을까.
휘파람새 우짖는 최정상에 섰는데
대체 어디로 더 오른단 말인가.
한낮의 영광의 환희에 들떠
길이 안 보인다. 세상이 안 보인다.
눈에 들어오는 건 낙엽에 덮인 굽이 샛길뿐
아직 잔설이 남아 추운 건조한 삼라만상
훈풍을 타고 우죽을 틔우는 저마다 수목들
항간에서부터 승리자에게 보내는
뜨거운 함성이 하늘 높이 울려 퍼진다.

산제비도 숨이 찬 감히 오르지 못할
높은 산봉우리 아래 깊은 골짜기
공존하는 빛과 그늘이 확연하게 구분 지어져있다.
그곳에도 먹고 먹히는 짐승 간의 살생이 존재하고
그 선과 악이 마주했다 엇 비켜지기도 한다.

청천하늘도 구름에 가려지며 볼 수 없듯
가장 칭찬을 많이 듣는 사람도
남몰래 심장 찢는 눈물을 흘리고 있질 않는가.
착한 성질인 칭찬은 과연 누구의 몫일까?
한 집에서 일상을 같이 하는 사람?
학교나 직장에서 연을 맺은 사람?
가까운 이와 정담을 나눌 때?

마음이 활짝 트인 여행길에서 알게 된 사람?
평생지기처럼 사이가 부쩍 가까운 사람은
되레 갈등의 골이 깊어지니
사람의 감정이란 참 묘하도록 신비만하다.

익숙한 방식에는 헛된 안전감이 도사려있고
무식한 목사와 늘 아멘만하는 그 가운데
왜 물음표를 잃은 믿음과 신념은
언제든 아름다운 축복을 차버리는
파괴적 피체의 이탈을 행하고
생활 속에는 뒤로 미뤄내는 일은 분명 있기 마련
관계에서 뺄셈으로 젖혀지는 대상은
골수부터 신뢰는 영점이라
지옥에나 떨어져라 저주의 악담이 대세이고
생활이 복잡한 사람은 정신머리도 복잡하여
정서상 안정하지 못하고
자기편의 숫자를 늘리려 비판자를 배척하며
그 상대편에 불이익을 당하게 하는 경우는
주의에 덧셈이 될 수 없는 사람

누구나 주제에 적으나마
만면의 웃음을 짓게 한다면
그는 칭찬을 듣는 자격을 갖춘 사람
해 뜨면 꽃보고, 달뜨면 은빛에 물들이는
자연의 순수함을 귀중한 어구로 예찬하는 시인은
혼령의 정신을 중히 여기리.

90

문제는 어떤 삶을 선택하여
내 생애를 바치느냐이다
성장의 기술은 반복
근시안적인 안일에서 벗어나려
미래를 열어가야 한다는 뜻이다.

좋은 마음도 과하면 독이 되는 법
자유분방한 기질로
행복과 지위를 누린 그
어느 날 피로에 지친 몸
쓰러지고 말았다.

팔짱을 낀 남녀가 길을 걷고 있다.

91

세월이 가면 장년壯年은 죽나니
인생을 다 마친 그 죽음을 받아들인 흙의 무덤은 영원한 안식처
최고의 미덕은 덕이 넓은 시인을 친구로 두었다면
그 시인이 쓴 시구 덕분에 그대 이름은 죽지 않고
언제까지나 사람들의 혀에서 불러지며 전해지리.
시인이여, 그렇다고 감사를 받을 생각 아예 버리게나.
망인이 살아 돌아온다면 이보다 놀라운 기적은 없겠으나
이 땅에서 죽은 후 부활하신 분은 예수 한분뿐이니 어쩌겠나.

92

커튼이 창문을 가린 일층 방. 요람아기 재우는 공기 정적하다. 그녀는 아기엄마가 된 후부터 사람들의 눈빛이 포록하게 애정하지 못함을 비로소 깨달았다. 침묵의 공포 성 살해인 스트레스를 더 이상 견딜 수 없게 된 그녀는, 밉상의 흉상을 지울 셈으로 성형수술을 선택했다. 갈고닦는 미인 만들기에 시간을 걸었다. 턱뼈를 깎고, 위로 솟구쳐 정면에서 봤을 때, 콧구멍이 크게 돋보이는 들창코-짧은 코끝이 펑퍼짐한 모양새을 뜯어 고치는 수술대에 몸을 뉘였다. 비싼 비용을 지불했다. 거울 앞에 선 그녀의 표정이 밝아졌다.
며칠이 지났다. 그동안 자신의 아름다움에 한껏 도취되어 시간을 잊고 지낸 그녀, 꾸민 외모를 자랑으로 뽐낼 겸 모처럼 고등학교 동창 점심모임에 참석했다. 친구들의 반응은 시큰둥했다. 한 친구를 붙들고 원인을 캐물었다.

"과거의 너의 너인 개성이 사라졌어!"

93

팔짱을 낀 남녀가 길을 걷고 있다. 서로 나누는 표정이 미쁘도록 무척 밝아 사랑이 깊은 연인 같다. 다정하게 걷는 그들 곁으로 자전거를 막 배우기 시작한 삼십대 주부가 아슬아슬하게 지나친다. 핸들 조종이 불안하기 짝이 없다. 둥그런 앞바퀴가 제멋대로 오락가락 흔들리자 긴장을 했는지 안색에 사색이 떴다. 여자의 운동화 신은 작은 발이 페달에서 헛디디어졌다. 그러자 오른편으로 급히 꺾인 자전거 핸들부터 기울기 시작했다. 어찌 할 바를 모르게 된 여자는, "엄마, 엄마." 부르며 놓친 페달을 발로 찾으려 시선을 내리깔았다. 그때 자전거도 함께 넘어졌다.
여자는 쓰러진 자전거에 왼편 허벅지가 눌렸다. 그 사고는 당사자만이 다친 것이 아니었다. 그때 마침 그곳을 지나치는 한 쌍의 연인에게까지 피해를 끼쳤다.

94

남편은 헛된 가면을 벗지 못하고, 오로지 세속 욕망만을 좇다 인간생활에 가장 기초인 가정문제를 소홀히 한 일상적 죄목을 넘어, 예수를 빌미삼아 혼탁의 성공만을 꿈꾸었던 기회주의자이었다. 기쁨이 충만했을 당시 간을 **빼서라도** 가장의 책임을 짊어지겠다던 그 허풍. 그녀는 남편의 이러한 밑절미부터 비뚤어진 사고방식을 원통한 심정으로 원망하며, 눈이 멀어 미치게 매달렸던 연애시절이 제 발등을 찍고 말았다는 후회를 씹으며, 아무것도 모르는 두 자녀를 끌어안고 언제까지나 흐느껴 울었다.

95

두 부부는 누구나 들고 다니는 무선전화기를 사용하지 않고 있다. 별로 쓸 일이 없는 데다, 그렇지 않아도 눈앞의 이익으로 떼돈을 버는 하마 기업, 우리 참여로 왜 더 배 불려줘야 하느냐가 표면적 이유이나, 실상은 날로 진화하는 기계류 기능제 속도를 죽었다 깨어나도 도대체 따라잡을 수 없다는 피로감 반영이다. 사돈 팔촌쯤 되는 인척 중 한 명이 신사업 발전 기념으로 하도 조르기에 한번 썼다. 그 많은 내장기능을 아무리 반복적으로 익히려 해도 나이로 굳은 머리로는 영 풀 수 없자 포기에 이른 것이었다. 손에 잡히지 않는 복잡한 괴물 기기를 반납한 이후 지금까지 쓰지 않고 있다. 집에서는 유선전화기를 쓰고, 요금이 싸면서 전자파가 거의 감지되지 않는 인터넷연결 전화기는 일터까지 들고 나와 사용하고 있다.

96

일찍부터 영업을 하는 식당 찾기는 쉽지 않았다. 이리저리 발품을 팔아 겨우 찾은 식당은 식탁이 세 개뿐인 작은 가게였다. 한 식탁에서는 마주앉은 태도가 왠지 설면한 느낌을 주는 중년 남녀가 식사하고 있었다. 한눈에 지난밤을 한 방에서 보낸 불륜의 관계임을 알아봤다. 그는 식탁 아래에서 빼낸 등받이 의자에 앉으면서 순댓국 밥을 주문했다.
 "새우젓을 넣어서 간을 맞춰 먹어요."
비만한 체중 탓에 받치기 움직임이 사뭇 느린 오리걸음 할머니가 김이 모락모락 피는 뚝배기 그릇을 손님 앞에다 내려놓으면서 건넨 한마디다. 그 말이 정겹게 가슴으로 밀려들었다. 뒤따라 깍두기, 청양고추, 양파, 된장 등이 반찬 종류로 올라왔다. 고추의 매운 기운에 이마에 땀이 맺혔다. 손님은 소맷부리 양쪽이 닳아서 해진 외투를 벗어 옆 의자등받이에 걸었다.

97

무궁화 계급장을 어깨에 단 지역치안담당 파출소소장이 나섰다. 앞전에 안면을 터놓은 소장의 느닷없는 반김에 일동의 시선이 일제히 그에게로 모아졌다. 그들 중에 몸매가 호리호리한 형사는 그의 왼편얼굴을 뚫어지게 쏘아보고 있었다. 집요한 탐색눈빛은 서릿발처럼 차가웠다. 수상쩍은 빈틈을 찾는 직업적 의심이 번뜩거렸다. 그의 남루한 차림새를 머리끝에서 발끝까지 한 번 더 쭉 훑어본 형사는, 일반인 금지선을 마른 가랑이를 벌려 넘어 지난밤에 살인사건이 벌어진 여관 안으로 사라졌다.

98

경사도로 변에는 일찍 핀 코스모스가 가녀린 몸매를 흔들고 있다. 그 아래 때늦게 핀 샛노란 민들레꽃도 해맑다. 점심식사를 마치고 산책을 나온 노랑머리 서양여자가 아들인 듯싶은 세 살쯤 된 사내아이의 손을 잡고, 차량이 드문 경사도로를 가로지른다. 파란 눈망울에는 두 날개를 펴고 공중을 나는 한 마리 새 그림자가 잠깐 스쳐 지났다.
서양여자는 인사성이 밝았다. 한가한 경사차도를 따라 오르다, 단풍나무 그늘아래에서 더위를 식히는 초면의 한국남성에게 미소를 지어 보였다. 행인은 점차 멀어지는 사내아이에게 작별의 손을 흔들었다. 그러나 정작 그 인사를 받은 사람은 서양여자였다.

99

 낯익은 미모의 여성이 안개 속에서 소리 없이 걸어 나와 우윳빛 손을 내밀었다. 그 고운 손에는 가벼운 새털이 들려 있었으며, 새하얀 발에는 감촉이 부드러운 새털신발이 신겨져 있었다. 남자가 새털의 끝을 잡아당기며 여자를 품에 안았다. 여자는 수줍음에 붉어진 얼굴을 옆으로 돌리며 남자의 입술을 피했다. 남자는 그러려니 반응만을 나타내며 그 이상은 나가지 않았다. 대지는 온통 은빛이고 오두막집 안에도 보름달빛이 환하다. 편대를 지은 기러기 떼 한 무리가 그림자로 그 빛 앞을 지나쳤다.
 "가지 말아요." 남자가 품에서 빠져나가려는 여자의 어깨를 잡고 애원했다.
 "가야 해요. 날이 밝아오고 있잖아요."
 "하늘의 천사라도 된단 말이오! 이대로 보낼 수 없소. 이곳에서 나와 영원히 삽시다."
 "안 됩니다. 나를 부르는 미명의 저 종소리 들리지 않나요?"
 여자의 손끝이 남자의 손에서 떨어졌다. 남자는 여자의 뒤를 쫓으려 달렸으나 도무지 따라 잡을 수 없었다. 그 사이 여자는 안개 저편으로 사라졌다.

100

노란 조끼를 착용한 미화원의 손길이 더없이 바빠졌다. 한 줄기 바람이 미화원이 대비로 애써 쓸어 모은 낙엽더미를 휘저으며 흩어놓았다. 일손을 멈춘 미화원은 도로경계선을 따라 도망치듯 어지럽게 휘날리는 낙엽을 멀건 눈으로 바라만 보고 있다. 그때, 학교교복을 입은 여중생이 나타나 찢기고 터진 손을 꼭 잡았다.
"아빠!"
"응? 으응. 내 딸, 학교 끝났어?" 딸을 돌아본 미화원의 얼굴은 거칠고 메말랐다. 그렇지만 딸이 애교를 부리자 위안을 얻은 웃음에는 행복이 깃들어있다.
주름치마를 입은 소녀의 검은색 스타킹을 신은 양 다리는 짧다. 소녀는 무릎자세로 앉아 낙엽 세 잎만을 주웠다. 그리고 하나하나씩 교과서 사이에다 소중히 껴두고 덮은 교과서를 책가방에 넣었다. 소녀의 눈빛에서도 햇살이 밝다.

101

 이 씨 성만을 가진 아랫마을 열 명의 청년들이 떼거리로 외딴집을 찾았다. 그들의 방문으로 촛불로만 지내는 집안 분위기에 활기가 넘쳤다. 그들은 등나무 아래 평상에 둘러앉아 막걸리잔치를 벌였다. 그 포함, 안주용인 오징어와 땅콩 등은 집안 농사가 주업인 저희들이 주머니 열어 사왔다. 외딴집에서 내준 도구는, 막걸리를 따라 마실 국그릇 몇 개뿐이었다. 하루 일과를 마친 저녁 놀 무렵에 가끔씩 찾는 젊은이들이라 격식과는 거리가 멀다.
 젊은이들이 떠들썩하게 회포를 푸는 자리에는, 유일한 계집 스물일곱 살의 서울계집이 있다. 천식에 안구 건조 증과 피부건선에 시달리는 신체라, 공기 맑은 산중에서 신춘新春 시작인 삼월 초부터 요양 중이다. 일이 조금만 힘들면 식은땀을 흘리며, 그 평계로 자리에 눕는 계집이다. 탕에 한번 들어가면 한 세월이요, 또한, 말이 워낙 많아 별명이 참새이다. 세살 차 오빠가 지어진 제이의 별칭이다.
 그 동생이 거의 일주일 만에 제 세상 만났다는 듯이 총각들과 어울려 수다 떠는 양을, 촛불 켠 방안에서 무료감을 달랠 겸 채소재배에 관한 책을 들여다보는 한편의 귀로 잠자코 듣고 있는 오빠는 빗면의 상스러운 면을 감출 수가 없었다.

102

인간의 수명은 정해져 있는 대로 유한하다. 절로 따라 붙는 삶이 행복하고 편하여 오랜 장수를 애쓰는 연연으로 누리고 싶다 해도, 인간이 등급 매긴 임의의 계산대로 되는 것이 아니다. 착한 인성을 학식이 받쳐주는 데도 불구하고, 가혹을 운명으로 짊어진 사람이라 해서 일찍 죽는 단명 자로 낙인 되는 법은 없다. 속셔츠 한 장이 곧 잠옷이며, 집안일 할 때는, 또 다른 용도의 작업복으로도 쓰이는 모질의 가난으로 깨닫지 못해서 그렇지-알게 모르게 저만의 고지식한 믿음을 선별적으로 간직하고 있다. 차별 없이 동등하다.

103

보통 체중의 상체를 깊이 낮춘 여인이 목장갑 낀 한 손으로 집어든 물건은 사기화분 파편이었다. 그녀는 조각들을 하나씩 주워 면적이 자그마한 화단 안으로 내던지기 시작했다. 잔재들이 두서없이 떨어지는 곳은 평수 좁은 마당과 구분 지은-수량이 제법 되는 붉은 벽돌을 비스듬히 나란히 세운 앞 편으로 범의귀 과에 속하면서 여러해살이풀인 쌍떡잎 바위치 식물이 집중 심어져 있고-엄동 嚴冬에서 녹은 검은 물기를 머금은 낙엽이 어지럽게 널려있는 그 위이다. 속 깊은 그 안쪽 가장에는 빈 가지 위로 흰 꽃송이 몽우리를 막 틔우기 시작한 이십년 생 목련나무 한 그루가 이웃집과 나눠 쓰는 블록담장을 가리고 있다. 겨우내 방치로 볼썽 사납게 뭉툭뭉툭 꺾여있는 목련나무 아래로 여인이 내던진 화분조각 외에, 앞서 집주인이 내버린 크고 작은 사각플라스틱 화분들이 아무렇게나 널브러져 있다. 개중에는 이삿짐 크기의 상하 위치를 미리 맞추려 정원 안까지 밀려들어간 인부의 안전화 뒷발에 차여 두세 조각으로 깨진 토기화분들도 더러 눈에 띄었다. 단단하게 마른 흙덩이 속에 뿌리를 묻어둔 채로 스러져 있는 화초는 가을국화와 공기정화 식물로 호평이 높은 관엽 계의 행운 목 따위였다. 우측으로는 집 밖 북측 텃밭과 낯면을 함께 비비고 있는 탱자나무가 울타리 역할을 맡고 있었다.

104

 어미 뒤를 줄곧 따라다니는 두 굽 발의 세 마리 새끼염소는 능글능글 귀여웠다. 어느 풀숲에서 갑자기 나타난 뱀이 새끼염소를 위협했다. 염소치기 소년은 불시에 출현하는 짐승을 쫓아내거나, 두 뿔 달린 수컷 한 마리 낀 염소무리들 몰이에도 사용하는 마른 작대기 끝으로 인기척을 느끼고 도망치려는 삼각 모양의 대가리를 꾹 눌러 앞을 막았다. 그리고는 맨손으로 뱀의 목줄을 쥐어 잡고 눈높이로 들어올렸다. 살인 독을 머금은 붉은 혀의 살무사는, 햇볕에 검게 탄 애송이 목동의 맨 피부팔목을 몇 바퀴 휘어 감았다. 목동은 말동무에게 파충류가 비비 꼬며 조이는 팔목을 들이대는 장난을 쳤다. 친구는 날름거리는 살무사의 붉은 혀에 혹 쏘일까 뒷걸음질로 피하기만 하다, 미처 볼 수 없었던 뒤편 돌부리에 발이 걸려 넘어지면서 엉덩방아를 찧고 말았다.

105

 혼자 자취하며 지내시는 노인이지 않나 싶은 손님이, 키 높이인 층층 매장 대에서 10킬로그램의 포장양곡을 끌어내리다, 그만 바닥으로 떨어트리는 실수를 저질렀다. 재질이 약한 얇은 포장은 그대로 터지면서 흰쌀을 흩뿌려 놓았다. 노인은 실수에는 태연하였으나, 버려지게 될 쌀에 대해서는 아깝다는 난색을 지었다. 노인은 사람들이 많이 다니는 공공장소인 점을 참작했는지, 주위를 두리번거리며 청소도구를 찾는다. 그때 마침, 인근에서 알루미늄 삼단 사다리 위에서 진열상품을 정리하던 남자직원이 맨손으로 바닥에 흩어진 쌀을 쓸어 모으는 노인을 안경 눈으로 내려다보면서 저희가 하겠다며 말렸다. 죄송하다는 낮은 사과의 음색을 입 밖으로 새어낸 노인은 같은 제품인 포장 쌀을 대신 집어 들었다.
 계산원은 선체에서 체내 피가 하중으로 집중 쏠려 부기가 탱탱 차오른 허벅지를 거쳐 그편의 종아리를 주무르다, 몇 차례 접견해 본 노인고객이 내준 신용카드로 결제를 마쳤다. 노쇠한 연령대가 아직은 아닌 듯싶은 노인은, 평소의 깔끔한 인품의 후광이 얼마간 떠받치고 있는 혈색 좋은 인상은, 계산자로 하여금 절로 친절한 상냥 감을 머금게 하였다. 또한, 기본적인 건강한 체력으로 배낭 안에다 포장 쌀을 쑤셔 넣고 양어깨로 가뿐하게 짊어지는 동작에서는, 지병 없는 힘을 갖추고 있음을 느끼게 하였다.

106

 퍽 익은 안정의 권태라 할까? 언제부터인지는 정확한 날짜를 짚어낼 수는 없으나, 둘러볼 구경거리도 딱히 없는-만날 그 얼굴에 그 얼굴들만 볼뿐이라, 삶의 감흥을 잃어가고 있었다. 돼지처럼 먹기만 위해 산다는 회의적 작용은, 고등인간의 본래 목적은 이게 아닌데 부정론이 고개를 들기 시작했다. 침윤의 잠복이 다시금 우울증 증세를 불러일으킨 것이다. 우울증은 자신에게 갇힌 외로운 자의 고질병이다. 몸 안이 뻥 뚫린 것 같은 허무한 기분이 헛바람을 불러일으킨다. 견뎌낼 수 없는 짓무른 외로움에 숨통이 먹먹하다. 울화는 아니지만, 켜켜이 쌓인-무게가 굉장한 뭉치에 억눌린 듯이 도무지 트이지 않는다. 복장이 터져버릴 것만 같다. 사지마저 옴짝달싹 못하도록 꾹꾹 조이는 숨 막힘에서의 해방은 자신으로부터의 탈출이 있다.
 "미령靡寧의 병…?" 성한은 입안에서 빙글빙글 도는 자문 형식의 이 말을 자신에게 내질렀다. 대답은 없다. 그 복판에서 한 인물의 모습이 돌연 그려졌다. 애잔한 애심愛心으로 가슴에 품고 싶은-허물할 구석 없이 균형이 바로 잡힌 아담한 몸매-사리에도 소명을 갖췄을 법한-한 마을 그 어떤 여인이다. 일전에 축사에서 먼발치로 잠깐 본 그 손님의 아내였다.
 "미친 놈. 바람났구나."

107
칠석새벽

견우성과 직녀성이 일 년에 한차례 오작교에서 그렸던 정을 푼다는 칠석七夕 새벽, 한 집에 여나 명의 부녀자들이 몰려있다. 참외-오이 등 초과류草果類를 차린 상 앞에서 절을 하며, 바느질해줄 여공女功 수 늘어나기를 비는 예를 올리고 있다. 예능 성을 갖춘 몇몇 사람은 견우직녀가 부둥켜안는 재회의 눈물을 주제 삼아 시를 짓기도 한다. 부녀들은 그 차례를 마친 후, 음식상 위에 거미줄이 쳐져 있는가를 둘러볼 것이다. 이어, 하늘의 선녀仙女가 소원을 들어줬는지 여부를 알게 될 것이다.
농촌장터에 넉살 판 백종장百種場이 섰다. 백종씨름과 광대줄타기 놀이를 취흥으로 구경하는 사람들은, 백종일(7월15일) 설을 맞은 농민들이다. 과일과 소채를 많이 낸 일손을 모처럼 놓고, 어떤 농민은 가면극인 박첨지朴僉知 일원으로 참여하였고, 어떤 농민은 주지가 제공한 소달구지를 타고, 강과 푸성귀가 지천에 널린 들판을 두루 구경하기도 한다.
광에서 인심 나고, 뒤주애서 정이 나오는구나. 왔구나. 즐기는 자들에게 오늘이 왔구나. 어깨 춤 절로, 엉덩이춤도 절로. 이 와중에 자못 거드름 피우는 이도 있고, 과거 노비 생활을 했던 어떤 늙은이는 찾아오는 손 퇴하는 법 없이 너그러운 웃음으로 그간 고생을 다 잊었구나.
항시 닫혀만 있어 아무도 살지 않아 보였던 단층 기와지붕 집, 끼니걱정을 안고 사는 가난한 서생원의 거처이다. 그 집 앞에 모처럼 옷가지와 책들이 널려있다. 볕에 습기를 말리는 포쇄曝曬 행례이다.

108
나의 자화상

박 세게 유명한 인물은 아니었으나
어딘가 땅에 묻혀있을 보물을 찾겠다는
유능의 하나만은 늘 준비하며 산 나에게도
펄펄 날랐던 젊은 시절이 있었지.
수목 우거진 해발 720미터 봉우리 산을
보통 이상의 30-40 킬로그램의 등짐을 지고
하루 세 차례 오르내렸던 시절이 있었지.
이뿐 아니라 그 정상에서부터 뛰기 시작한지
단 8분 만에 아래 평지까지 당도하는
괴력을 뿜어내기도 했었지.
구불구불 경사 길 울퉁불퉁 거친 데도
발이 걸려 넘어지는 한 번의 실수도 없이
체력의 온 땀을 쏟아냈지.
그때처럼 지금 현재도 살집이 적은 체형은
강풍에는 밀릴 정도로 마른 편이나
간혹, 나이로 처지는 육체에 기력을 실어보려
오래 걷는 운동을 주로 하지.
어제는 시샘 부리 찬바람에 으쓱하긴 하나
일정 잡은 대로 새순이 파릇파릇 돋는 봄날을 맞아
몇 년째 먼지만 뒤집어씌운 채로 방치해둔
새 책인 데도 재고도서로 처리할 수밖에 없게 된
한 리어카 분량의 백구십일 킬로그램 파지로
고물상에 넘기고 받은 돈 고작 팔 천 원이란다.
이층집에서 내려 싣고 끈 수고비도
되지 않는 금액이지.
백 미터도 채 안 되는 그 거리 운반 과정

어찌나 힘들던 지 가쁜 숨결
헉헉 몰아 내쉬는 내 처지 가엾게 처량하더라.
축 늘어진 나의 지친 모습
그만큼 체력이 쇠해진 증언 아니겠니.
다 지나간 옛 이야기이다마는
내 남몰래 흘리는 비육지탄髀肉之嘆의
눈물 어린 이야기를 들려주고 싶구나.
용맹을 떨쳤던 그때 그 시절에는
하루도 쉬지 않고 산과 들을 넘나들었는데,
나이에 떠밀려 사회무대 뒤켠으로 물러난 지금은
할 일이 없어 매일 쉬는 무위도식만을 하니
자유의 여력이 넓어졌다는 한탄일세.
나는 태생부터 풀죽을 먹은 사람이오.
그런데도 울어도, 울어도 시원치 않은
뼛골부터 서글픈 이 사무친 한풀이를
함부로 난발하지 않았던 까닭은
나를 빨리 침몰시키는 재물을 좇지 말자는
숭고한 뜻 때문이었소.
나는 이를 악문 인내로
돈으로 사람을 부리느니
나부터 잘 다스리자는 목표를 세웠소.
나의 정신수양 방법은 일용만큼만 소유하고
그 남아도는 종자 씨는
빈 땅 어디든 묻자며 뿌린 거였소.
저 들판의 풍작 물들을 보시오.
하늘과 땅의 도움으로
꽤 많은 양의 곡식을 거둬들일 수 있게 되었소.
그러니 그대도 무상으로 한 아름 안고 가시오.

후기

아침녘에 세찬바람 나뭇가지 흔들며 먼지 날리더니, 지금 이 시간 (오후3시)의 기후는 온화하다. 이미 새싹을 틔운 여린 풀잎, 양 발바닥 걷는 데 불편하여 이 좋은 날 서재에서 이 글을 쓰고 있으니 한심하다. 글쓰기도 여느 일과 마찬가지로 능률이 떨어지거나 오를 때가 있는 법인데, 몸과 마음이 무거워 왠지 싫증이 나는 오늘은 좀 쉬고 싶다.
도피할 곳 없이 몽상만을 좇아 쓴 시. 경탄에 마지않던 청춘의 꿈도 아름다움 앞에서 시들시들 좌절하고, 살짝 진 미소의 반짝함에 시인은 그만 마음이 녹아 버린다.
나의 인격이 완벽하지 못하듯, 이 시집 역시도 완벽하지 못한 데도 이젠 그만 펜을 놓아야할 시간에 접어들었다. 그동안 한 번도 빛을 쬐지 못한 나의 여러 권의 시집들도 덮어야할 시기를 맞는다. 판단은 현명한 독자들의 몫이다.

신념에 눈이 먼 어둠의 고독
전장을 치러보지 않고
그 전장 장면을 그렸다니
시어가 든든하지 못하다.

「너의 이름을 사랑하고 싶구나.」
제목이 붙은 이 시집은 이년 넘도록 일주일에 한 번씩, '월요일 아침 편지'의 표제를 달고 네이버 블로그와 몇 곳 카카오 톡과 소통한 내용들을 한데 모아 담은 시편들이다.

2025년 04월 햇살 밝은 서재에서

발행일/2025년 04월 07일

지은이/김성호

발행인/김성호

펴낸 곳/성미출판사

주소/서울시 금천구 시흥대로6길35-25(시흥동)리치힐2층203호

창립일/2016년 01월 05일

등록번호/720/93/00159

전자우편/sungmobook@naver.com

https://cafe.naver.com/sungmebook

전화/02-802-2113/FAX02-802-2113
핸드폰/010-7314-2113

ISBN/979-11-93864-13-5

판매가격=13,700
잘못된 책은 구입처에서 교환 가능합니다.